The Must Have

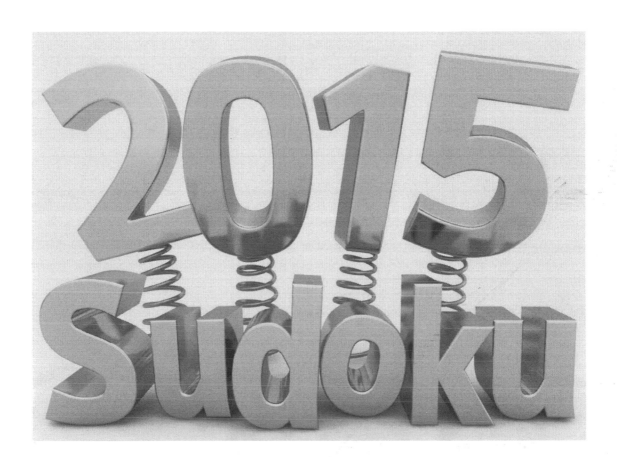

2015 Sudoku

Puzzle Book

by Jonathan Bloom

The Must Have

Sudoku Puzzle Book Series

For other exciting Sudoku books by Jonathan Bloom
Please visit amazon.com and search for "Bloom Sudoku"
or get them at buysudokubooks.com and sudokids.com

9780987003997

Published by buysudokubooks.com and sudokids.com

A catalog record of this book is available from the National Library of South Africa, Pretoria

Cover Image by Tim Arbaev

For customized editions, bulk discounts and corporate gifts, email sales@buysudokubooks.com

buysudokubooks.com ©Jonathan Bloom 2014 ISBN 978-0-987-0039-9-7

Table of Contents

Puzzles

Other buysudokubooks.com titles

The Gigantic Sudoku Puzzle Book - 1500 Puzzles Vol 1 & 2
The Must Have Sudoku Holiday Gift
The Must Have Sudoku Christmas Gift
Scary Sudoku - 300 Freakish Puzzles
Seductive Sudoku
Deadly Sudoku

5 Minute Speed Sudoku
10 Minute Speed Sudoku
15 Minute Speed Sudoku
666 Deadly Sudoku Puzzles

The Must Have 2011 Sudoku Puzzle Book
The Must Have 2012 Sudoku Puzzle Book
2012 - 2 Puzzle A Day Sudoku
Sudoku - Especially for you

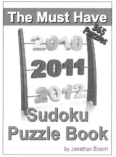
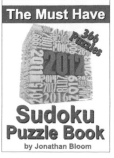

January

No: 1   Thu, Jan 1, 2015   Easy

	3		9		4	6	1	8
	5							
			2	8	4			
	1	8			2			6
6								4
	4	9			1			3
			9	3	7			
	6							
	8			5			3	1

No: 2 | Fri, Jan 2, 2015 | Moderate

	5		2			4		3
9								
			7					
				5	4		8	
				9			5	
	3							
			3		6	2		
5		9						
7			9	8		1		4

No: 3 | Sat, Jan 3, 2015 | Nasty

9	5						6	
			7		3			
1								
	6		5	9				
						4		3
						7		
7		3						
				5			1	
		8						

No: 4 | Sun, Jan 4, 2015 | Cruel

	8					3		
5				1				
	3		6					7
				8			2	
4								
1		9					4	
			8		3	6		
			2					

No: 5 | Mon, Jan 5, 2015 | Easy

	9				4	6	5	
3	7		9					
	5		8	2	1			
9						5		7
		2				1		
						2	3	
4				9				
						7	6	5
		7		6	5		8	

No: 6 | Tue, Jan 6, 2015 | Deadly

				2			9	
		5	1					
	4							7
1				7	3			
						6		8
						5		
			8			1	3	
	7							
2								

No: 7 | Wed, Jan 7, 2015 | Moderate

	3		1	8			6	
					9			
				4				
			8		5	3		1
7			6					
						4		
			3	5			8	
4		9						
1						6	2	

No: 8 | Thu, Jan 8, 2015 | Easy

	7		2	4			1	3
				6	8		2	
			4	2		6		
	3		1					
5		1	8	7				
6		2				9		
			3					
8	5	3				1	7	

No: 9 | Fri, Jan 9, 2015 | Nasty

			7	4		1		
	8	6						
5				1				
							9	8
							6	
	5	9	6		8			
7						4		
			3					

No: 10 | Sat, Jan 10, 2015 | Cruel

			5			8	7	
5		3	6					
							4	
3			9			1		
	7	8						
9								3
	5			7				
				4				

No: 11 | Sun, Jan 11, 2015 | Deadly

4		7						
			8			1		
						3		
5						8		
				7			6	
			3					
				6	5		7	
							4	2
	1		9					

No: 12 | Mon, Jan 12, 2015 | Easy

	7	9		6			1	
			5		3	7	9	
				9			7	
	4	8						
5					6			
1						5		6
			4	7				
			6	5		3		7

No: 13 | Tue, Jan 13, 2015 | Moderate

	7	6		5		9		
			4				1	
8								
	8			7	9			
							4	3
3		1	6					
					1	7		
4					2	1		8

No: 14 | Wed, Jan 14, 2015 | Nasty

		7					9	
				5			2	
	4		3					
5	8			9				
					7	4		
						3		
9			1				5	
			4			6		

No: 15 | Thu, Jan 15, 2015 | Easy

2			8		7			5
	9			4			3	
9		4		2		8		7
	7						1	
7			1	8	2			6
1								8
	6	5				2	7	

No: 16 | Fri, Jan 16, 2015 | Cruel

				5		7		
6		8						
1								
9	7			4				
			5				6	8
	2							
3			8		6			
					3	9		

No: 17 | Sat, Jan 17, 2015 | Moderate

	5		1		3	4		
7						5		
			6					
		1	4					
	9					7		
				9		8		
8				7				
		6					1	
				4	6		3	

No: 18 | Sun, Jan 18, 2015 | Deadly

	7							5
			9	6				
			2			3		
				9	7			4
6	2						1	
3								
						6	9	
5					4			

No: 19 | Mon, Jan 19, 2015 | Nasty

	7	3						
			8				6	
8	5		9					
					4	7		3
								1
				7		1		
6							5	
9			6					

No: 20 | Tue, Jan 20, 2015 | Easy

4	9		7					
	6	8		5			4	
1						3		
			4				7	9
3		6						
						8		
				3		6		8
	7	5	2					
					4	5		

No: 21 | Wed, Jan 21, 2015 | Moderate

6			8			5		
			9					3
	1			7				
	4					1	7	
					3			
			5					
				4			2	
3		9						
5					9	8		

No: 22 | Thu, Jan 22, 2015 | X-Deadly

			6		1			
		7	9					
	5					4		
	8			5			7	
6								9
				3				
1						5		
9			1					
							8	

No: 23 | Fri, Jan 23, 2015 | Cruel

			1			8		
5		3						
	7		8		1			
			6				4	
							5	
4				5	3			
						7		6
9				2				

No: 24 | Sat, Jan 24, 2015 | Easy

	9		1	8				
6								3
				6	9	7		
				3	6	5		
	7	4	2				8	
				4				
			7			8	9	
3			5					
4						2		5

No: 25 | Sun, Jan 25, 2015 | Deadly

		5				3		
			8	6				
8			7	9				
	4					1	3	
							5	
6	8							7
			1		3			
9								

No: 26 **Mon, Jan 26, 2015** **Easy**

	8		6			7		
		3						
1	6		7	5		4		
					8	1	5	2
							3	
	9			3	4			
6				7	9	8		
7			8	2			9	

No: 27 **Tue, Jan 27, 2015** **Nasty**

	9		6	4				
						7		3
				5				
7						5	4	
3		8						
1	4						6	
			8		3			
			9					

No: 28 | Wed, Jan 28, 2015 | Moderate

	8		7		6			3
4							1	
	7	3	5					
				1		4	8	
8				4		9		
	6					7		5
				6	5			4

No: 29 | Thu, Jan 29, 2015 | Cruel

		1	7					
						6		5
3						9		
6					9			
							7	
							8	
9	5					3		
			1	4				
	3		8					

No: 30 | Fri, Jan 30, 2015 | Easy

	1		9			5	6	
				3				8
6					4			
	7		5		1			
						9	3	
4	8		7					
3		8		7				
						1		9
9	6				8	3		

No: 31 | Sat, Jan 31, 2015 | Deadly

	7	1						
		6	9					
	8						5	
						6		7
9			5					
			3					
				6	8	9		
4						5		
				7				

No: 32 | Sun, Feb 1, 2015 | Moderate

7		5				1	8	
				4	9			
6								
			6	5				
						4		9
						3		
3	1				8			
			7				5	
5	4			1				7

No: 33 | Mon, Feb 2, 2015 | Nasty

	6						8	7
			5		3			
	9							
			1			3		
	7			8				
4								
3						4		
5			9					
				7			9	

No: 34 | Tue, Feb 3, 2015 | Easy

2				9				
					2		8	1
		6	3	5				2
	3	7						
8		5				4		9
						6	7	
5				3	8	9		
1	9		7					
				2				7

No: 35 | Wed, Feb 4, 2015 | Moderate

6		3				7		
7				5				
			8	4				
			6				8	5
1					9			
	8		5					
						1	7	
	3			6	2	8		

No: 36 | **Thu, Feb 5, 2015** | **Cruel**

7			4					
			8			1		
							6	
						6	5	
	9		3					
				2			7	
	1					3		8
4				5	7			

No: 37 | **Fri, Feb 6, 2015** | **Deadly**

9		4	6					
				1		7		
5								
8			9				5	4
				3				
				8				
			5				9	
	7					1		
	3							

No: 38 | Sat, Feb 7, 2015 | Easy

6				7		1	9	
9		8						
						4	6	
	7				2	8		4
			9			6		
		2						
3			5	1				
			6		7	3		2
	4					5	8	

No: 39 | Sun, Feb 8, 2015 | Nasty

	6			1	9			
8							7	2
6	1					9		
				3				
			7					
	4						3	
7			2					
			5			1		

No: 40 | Mon, Feb 9, 2015 | Moderate

			1	3		7		
7	3						8	
5					7			9
8		7						
						1		
	1		3			6		
			4				3	
9	6				2	8		

No: 41 | Tue, Feb 10, 2015 | Cruel

	1	8				6	4	
				3				
	9							
			1		5		9	
7								
3								
				6				7
5			4					
			8			1		

No: 42 | Wed, Feb 11, 2015 | Easy

9		8	4					
7							3	
6	5							4
1		9				4		8
	6			3				
				7				
3	1						6	
		4	8			5		
			3	5	7			2

No: 43 | Thu, Feb 12, 2015 | Deadly

			6			5		7
			9			1		
	3							
7							8	
5			1					
				3				
		5		8			3	
				4	7			
6								

No: 44 | Fri, Feb 13, 2015 | Nasty

	3	1				9		
			8				5	
8		5	7					
				9		1		3
6								
				4	3			
5	7							
							8	

No: 45 | Sat, Feb 14, 2015 | Moderate

7		3		1	8			
							8	9
	5		1		4			
6						7		
			8					
				7		3		
9			5					
	8		6	2		4		

No: 46 | Sun, Feb 15, 2015 | Easy

9			7			5		8
	6	1						
				4	2	7		
	3						1	
6			4					
	7	2						
				3	1		4	
5		7		8				
				9	7			5

No: 47 | Mon, Feb 16, 2015 | Cruel

	9	7	5					
6						3		
	4				7			9
				8				
				6				
8		6				1		
			4				5	
3			9					

No: 48 | Tue, Feb 17, 2015 | Easy

		5			1	3		7
	4	9						
6	7		5	2				
		8				1	9	
	5		7		3			
2	1		8	5			4	
3								
				9			7	1

No: 49 | Wed, Feb 18, 2015 | Deadly

					3	8	7	
	1							
	6							
9				7		3		
			6				5	
			1	6				4
3						9		
8			5					

No: 50 | Thu, Feb 19, 2015 | Easy

3				7		9		
			8					
				2		6	8	7
	6				4		3	5
7		4						
			2				1	
9		7						1
		3	9		2			8
		1	7			5	9	

No: 51 | Fri, Feb 20, 2015 | Moderate

9						6	3	8
				3			7	
				1	8			
							6	3
1		4						
8								
	3							1
	7		6					
			5			4		

No: 52 Sat, Feb 21, 2015 X-Cruel

	9				5			
7					8		3	
			4			5		
5	2						1	9
9			3					
	6			9		3		
	7	6						
		2	5		6			8
				8	2		6	

No: 53 Sun, Feb 22, 2015 Nasty

	7							9
			3			1		
	4			9	7			
						5	3	
				8				
5		3	6			8		
							2	7
1								

No: 54 | Mon, Feb 23, 2015 | Cruel

						6	5	
8			1					
							3	4
	1						7	
			9			1		
		3						
9	8					7		
				4	3			
				5				

No: 55 | Tue, Feb 24, 2015 | Easy

	8		9			5		3
4	6							
			7					
				9		1	6	
		3						
			1	5	8		4	
	1					6	9	
8			3		5	7		
			8		9	2		

No: 56 | Wed, Feb 25, 2015 | Moderate

8	3		9					
			1					7
	5					6		
9			7					
				4		2		
						5		
1							9	
				6	5			
			3				8	

No: 57 | Thu, Feb 26, 2015 | Deadly

7							8	3
	9			2				
	1	4				9		
			8		7			
			6			4		
5		8					7	
			3					
				9				

	7			8			5	
		9				1		
				3				
	5		6			9		
8								7
4								
3							8	
			9			6		
			1					

No: 59 Sat, Feb 28, 2015 X-Deadly

		7	3			9		
	4	5						
8			9			1		
6				7				
	3							
					4		6	5
3			1					
							4	

No: 60 | Sun, Mar 1, 2015 | Moderate

6				3			7	1
				8	4			
	6	5				9		
	8					4		
			7					
7			1					
			5			8		
				6	9		3	

No: 61 | Mon, Mar 2, 2015 | Cruel

				3		1		
4							5	
			2			3		7
5			4					
	1					9		
			8				1	
9		7						
6	3							

No: 62 | Tue, Mar 3, 2015 | Deadly

	3	4			6			
				7		9		
	8			1				
2			5					
5							1	
							3	
			4			5		
			3			2		
7								

No: 63 | Wed, Mar 4, 2015 | Easy

9				7		5		4
8				2	9	6		
						3		
			2		3		1	
6			8					
	4	9	7					
	5			4				
			1	8	5			6
2					7		8	

No: 64 | Thu, Mar 5, 2015 | Nasty

	5		6		3			
8						1		
			4					
1				9				2
			5				6	
7								
				1		7		
	6				2			
		3						

No: 65 | Fri, Mar 6, 2015 | Moderate

4					1	3		
			7	5				
		7	2					
8					4			
						6		
						2		
				8	9		1	
	2						5	
	6							7

No: 66 | Sat, Mar 7, 2015 | Easy

2	9			7	8	6		
4		3						
			9					
			4				9	
	7					8	6	
6		2					1	
5						9		
			3					4
	8			1	4			6

No: 67 | Sun, Mar 8, 2015 | Cruel

8	2							
							3	4
							9	
	6		9		3	5		
7			1					
			4					
4		9						
				7		2		
				8				

No: 68 | Mon, Mar 9, 2015 | Easy

		5			2	7		8
			9					
9			6			3		
	5			4			7	3
2	1							
	6			1			8	2
3			7			5		
			4					
		2			3	8		6

No: 69 | Tue, Mar 10, 2015 | Deadly

	5	2					7	
				6	3			
	1		2	9				
8						6	3	
						4		
			5					9
4						8		
3								

No: 70 | Wed, Mar 11, 2015 | Nasty

	5	9					4	
				7	3			
			4	8			5	
2			1					
7								
6						3		7
	4		9					
						2		

No: 71 | Thu, Mar 12, 2015 | Moderate

5						1		
				6	8			
4			5				7	
							9	6
		8				3		1
	7		1			5		
	9	6			5	7		

No: 72 | Fri, Mar 13, 2015 | X-Deadly

3				7		1		
	6	5	8					
			9				5	8
7				3				
							6	
1						3		
	8		6					
	4							

No: 73 | Sat, Mar 14, 2015 | Easy

6			5		3			
9						7		
	5						1	
	4			7				
1	6		2	8				
7		6				9		8
			3				5	
8			1				2	4

No: 74 | **Sun, Mar 15, 2015** | **Cruel**

				1	3			
	4			6				
	5						4	
6			8					3
					7	1		
			2					
			7			4	9	
3								
2								

No: 75 | **Mon, Mar 16, 2015** | **Deadly**

	4						9	8
	5			1				
				3				
3		2				7		
1			9					
							5	
			6		5			
7						1		
			4					

No: 76 — Tue, Mar 17, 2015 — Moderate

							7	1
4			3					
						9		6
				9				7
5							8	
				7				
	6		8			3		
						8	5	
	9			5	2			

No: 77 — Wed, Mar 18, 2015 — Nasty

	9			4	5			
6							3	
				7		5		4
3			6		1			
8								
	7					4		
			3			9		
			8					

No: 78 | Thu, Mar 19, 2015 | X-Cruel

7		8			6		1	
		3						5
1			9					
	6		5		8			9
3		4						
					1	7		
	5			2			3	4
		2			4			
				1		9		7

No: 79 | Fri, Mar 20, 2015 | Easy

5		6			4			
8						7	5	
3								
	1		7	9			6	2
	6						8	3
				4				
			5		8			
	7					9		
			9		7		2	

No: 80 | Sat, Mar 21, 2015 | Moderate

			1					8
	6	1	7	2		9		
			6				2	
7								
		9	3				7	
		2		9		5	4	6
	3		4	7			5	
	7	8					9	
2					6			

No: 81 | Sun, Mar 22, 2015 | Cruel

5			6					
						9		2
					3			
1			7	2				
4						5	3	
				8				
9		2						
							6	7
	8							

No: 82 | Mon, Mar 23, 2015 | Easy

			8			9		5
				2	4	6		
							8	3
8	9						6	
	5		6				2	
2				5				1
6	7							
		8		9	3			
3		5	7		1			

No: 83 | Tue, Mar 24, 2015 | Deadly

7						4		
				5		8		
					3			
	8	6				5		
			7					
	5							
9			1				3	
			4	8				6
							2	

No: 84 | Wed, Mar 25, 2015 | Nasty

	9		5			7		
8				3				
			7			4		
3		2						
6				1				
	7		1		4			
							3	6
	5							

No: 85 | Thu, Mar 26, 2015 | Easy

	4	6	2					
						7	5	
								1
9		3					1	
			4	7		2		
6								3
5	8					4		
7	6			3				
			5	8	6			7

No: 86 | Fri, Mar 27, 2015 | Moderate

	3	1	4		9			
								9
	4		2	8	3		1	
	8						7	4
			1			5		
	5						3	2
	1		9	4	5		6	
								3
	2	4	3		6			

No: 87 | Sat, Mar 28, 2015 | Cruel

				2		9	3	
1		7			4			
						6		
5						1		
								7
			3					
	7	3	4				8	
						5		
	9							

No: 88 | Sun, Mar 29, 2015 | Deadly

			1				7	5
6		3						
				9	3	6		
8				6				
	7							
9	5		7				8	
						9		
	4							

No: 89 | Mon, Mar 30, 2015 | Easy

			9	5		6		
8	7							
			7	8	2			
	2	1					5	8
		6		1				
4				9				
	6	5	8		7			
			3					
					9	1		6

No: 90 | Tue, Mar 31, 2015 | Nasty

	9	6					1	
			7		3			
	4							
3			5					
				6			9	
	1							
8						3		5
5				9				
						7		

No: 91 | Wed, Apr 1, 2015 | Moderate

				8		5		4
5			7	6		9		
			5				8	7
3	8							
				9			4	3
	7					1	2	
1								
			3		2			
4		6			8		1	

No: 92 | Thu, Apr 2, 2015 | Easy

3	9				5			
		1						
8				7				
	7			3				9
5			1		2	7		
1				8				
	4						5	
	8	6			4			7
			3	9		4		8

No: 93 | Fri, Apr 3, 2015 | Cruel

						3	5	
9				1				
4								
			8		6	7		
1			5					9
			3					
				4			1	6
	3	8						

No: 94 | Sat, Apr 4, 2015 | Deadly

	2						8	9
				6	4			
	3							
4			8		9			
7		5						
6								
				5		6	4	
						7		
			1					

No: 95 | Sun, Apr 5, 2015 | Moderate

				2	5			
			7	6		8	3	
			3	8			2	
	2	3				6		1
5	9	1						
4								
	8		1			5		6
	3	4						
			9			7		

No: 96 | Mon, Apr 6, 2015 | Nasty

	8						2	
			3	5				
				8	4		9	
3		7						
1					2			
5			6			7		3
						5		
	2							

No: 97 | Tue, Apr 7, 2015 | X-Deadly

5		6		2			9	
7			3	1				2
	9				7		3	
						4		
3	2						7	8
		8						
	1		2				8	
8				7	1			9
	7			4		3		1

No: 98 | Wed, Apr 8, 2015 | Easy

	8		7			5		3
7				4				
6		1						
	5			8	3		2	
2			9				1	
						4		
8							7	
			5		9			
	2		3				4	

No: 99 | Thu, Apr 9, 2015 | Cruel

		6		1	5			
	7					8		
						9		
8		1					5	
			7					
9								
2	3			4				
							6	7
			8					

No: 100 | Fri, Apr 10, 2015 | Deadly

	1		8					
	3	7						
				9		4		
			7			9	6	
			1					
5								
							1	3
6					5			
9				4				

No: 101 | Sat, Apr 11, 2015 | Moderate

							4	
		5			9	7		6
9				6	5		2	
1		9				2	5	
			8			6		
4			5	1				
	9				8		1	
		7						
5			6		3	4		

No: 102 Sun, Apr 12, 2015 Easy

	1	9		4			5	
								2
4	7			5				9
					1			8
		6				9		
3			8					
2				7			1	3
5								
	6			2		4	7	

No: 103 Mon, Apr 13, 2015 Nasty

	7			5	8	3		
1						6	5	
				3				7
			8			4	9	
5		4				7	2	
6							3	
3	5		9	8				
	2		4	7	5			
		1						

No: 104 | Tue, Apr 14, 2015 | Easy

1		5		8		4	9	
	8		1					2
2			3					
		3		4				
				7		5		
	1						3	
5				9			6	8
			6				1	
4						7		

No: 105 | Wed, Apr 15, 2015 | Moderate

		1	2	6				9
				9	8			
7		2						
9							3	8
2	6					7		
	4							6
				3			6	
			6			3		2
1			8		9		5	

No: 106 | Thu, Apr 16, 2015 | Cruel

3						5		7
				8	9			
7				3				
		1					6	
			5				9	
	5	8				4		
	9				6			
			3					

No: 107 | Fri, Apr 17, 2015 | Easy

		6	8		3	9		
				2	1			
5	9		6					8
7							4	1
			3				9	
			4	6		2		
	3							9
1		7				5		
	6				5	3		4

No: 108 **Sat, Apr 18, 2015** **Deadly**

9								3
			2			4		
	2					7		
				1	6			
	8							
			4			8	5	
1		3	9					
6							1	

No: 109 **Sun, Apr 19, 2015** **Nasty**

			8	5	1			
3	5		6		4		1	8
5			9		3			4
	8	3				5	2	
6								7
		7		4		2		
	3	1				9	5	

No: 110 Mon, Apr 20, 2015 Moderate

					7		8	
				8		9	7	
			4		6			
		9			1			
	8							3
4		3	6			1	5	
	3				4			2
5	9				2			
				1		4		9

No: 111 Tue, Apr 21, 2015 Cruel

4						3	5	1
3					5			
								6
	8		5		1		9	
			8		4			5
	4		6		9		2	
								2
6					8			
2						1	7	9

No: 112 | Wed, Apr 22, 2015 | Deadly

	1		4		7	5		
	3		8					
		6						
4						7		8
				3				
2								
7	9		5					
				6			3	

No: 113 | Thu, Apr 23, 2015 | Easy

9	7				2	5		4
5		6		9				
2						8		1
	8			7	6			
6	5		2					
	2			3	1			
1						9		5
7		4		5				
					4	3		7

No: 114 **Fri, Apr 24, 2015** **Moderate**

	6			7		2	8	
		2			5			4
7					3		9	
2	3	1						
9	5	7						
3					6		4	
		6			8			7
	8			1		9	2	

No: 115 **Sat, Apr 25, 2015** **Nasty**

		8			4			
	4	2	5		3			
7			9		1			
				1		3	8	9
	6				2			
						1	2	
8							1	3
4				3			7	
	2	6				9		

No: 116 | Sun, Apr 26, 2015 | Easy

	8	9					6	
		2			4	3		
4	5		8	6				
		5					8	7
		7			9	1		5
	1			8				
	2			4			1	
3			2			8		
			5	7			3	2

No: 117 | Mon, Apr 27, 2015 | Cruel

		8			3			1
9			4					
			7	1	9			
8			3			4		5
				6		8		
	7				1	2	3	
6	2							4
		1	2					
		4			8		5	

No: 118 Tue, Apr 28, 2015 Deadly

			5	7			9	
	2	3						8
				4				
					3			6
7						5		
5						9	4	
	6	8	1					

No: 119 Wed, Apr 29, 2015 Moderate

	3						7	
		2	7		1			
	1			3			5	6
4			5					
			9	7	8			
					4			1
9	6			8			2	
			3		9	8		
	5						9	

No: 120 | Thu, Apr 30, 2015 | Easy

	4	1		7				2
2					8		1	
9					3	5		
					4	1	2	
8								
	1	4	6				8	
		5	9					
	6		3		1			9
3							5	

No: 121 | Fri, May 1, 2015 | Nasty

	9						2	
		4	7		9	8		
			8	3	1			
			6		4			
	1	3				4	5	
		2		6		7		
3				8				4
8		9				5		2

No: 122 **Sat, May 2, 2015** **X-Cruel**

	1							
9				3	2	8		4
			5	8		1		
		2			8			
	7	3					1	
	9		2					6
	2	7					5	
				4		3		
	6				1			

No: 123 **Sun, May 3, 2015** **Easy**

		8	4		6	7		
	2	3				5	9	
7		5				1		9
	6						2	
1								6
8	4		6		1		7	5
			3		8			
				7			4	8

No: 124 **Mon, May 4, 2015** **Moderate**

							1	3
9				4				
			3	1			8	
4	7							
5								
		3	1		5			
6						4		
			8			9		

No: 125 **Tue, May 5, 2015** **Cruel**

						9	7	
8				6				5
	7				4			6
		7		4		5		
		9		3	8		4	
	5		6					
2		5		1	6			
			3			2		
		4					9	

No: 126 | Wed, May 6, 2015 | Deadly

4								3
			2	8				
				1		9	7	
5		3	6					
	9					8	1	
6			5		4			
						7		

No: 127 | Thu, May 7, 2015 | Easy

	6		7		5	8	9	
9								
				4	3	7		
5							8	7
		3						
8		9				5		
3		8			9	4		6
6			2					
			4			2		

No: 128 | Fri, May 8, 2015 | Nasty

6								9
		2				1		
8	9	7				4	6	5
	2		1	3	9		7	
	6						9	
	1	6	7		4	8	2	
		8	3		6	7		

No: 129 | Sat, May 9, 2015 | Moderate

		2					4	5
	7		3					
							9	
			6	3		7		
4						2		
		9						
	6		5			8		
3							1	
					4			

No: 130 | Sun, May 10, 2015 | Cruel

		7			6	9		
8	5						2	
	9		7					3
			9	6				4
		2	3		4			
4		9		7	1	6		
			6	5				9
						1	3	
			2				6	

No: 131 | Mon, May 11, 2015 | Easy

			8		1		7	
				5				9
7					9	5		
9	8					2		3
		4	1				5	
		1		7				6
	6		5	1				
		3			4			
					8	6		

No: 132 | Tue, May 12, 2015 | Deadly

	3	4				8		1
1							9	3
7		8						
				3	6			5
			9		4			
			7	2			8	
8							7	
	1				3	4		
9	6		4					8

No: 133 | Wed, May 13, 2015 | Nasty

						7		3
				7		8		
	4				9			
			7	5				
	2						9	
			8					
6		7	3					
8						5		
							1	

No: 134 | Thu, May 14, 2015 | Moderate

			4			5		3
	7		8					
			9			7	2	
3			5					
4								
9				4		8		
	6				1		7	
				3				

No: 135 | Fri, May 15, 2015 | Easy

		3					7	2
			3					5
	5			7				8
9						2		
			5	4	6			
		8						1
5				8			6	
4					3			
6	1					7		

No: 136 | Sat, May 16, 2015 | X-Deadly

	7		4					9
9			7			5		
		3		9			8	
7	8							
		4		1	2	8		
				4			5	
	4			3				6
		5			9		3	
3						2		

No: 137 | Sun, May 17, 2015 | Easy

	3		9		2		4	
8		2				6		7
5								1
2			5		7			8
3	1						7	4
		9	6		4	3		
			3	8	1			

No: 138 | Mon, May 18, 2015 | Deadly

		5						
8			5			3	6	
3	1						8	
				3				
5	3			9	2			
9		7					1	
			1					5
6				8		7		
	5		4	2		6	9	

No: 139 | Tue, May 19, 2015 | Easy

			1	7			9	6
	8			3				
			9		4		5	
	3	1						
6								
				1		3		7
5			7			8		9
9			2				1	

No: 140 | Wed, May 20, 2015 | Moderate

		6				1		5
3			6					
8						4		
7							3	
				1	9			
				8				
	1					9		
			7	3				
	5		2			3		

No: 141 | Thu, May 21, 2015 | Nasty

						9		5
3	8							
4								
				5	9	6		
	3						8	
1				7				
			3				6	
		5				7		
			4					

No: 142 | Fri, May 22, 2015 | Cruel

							4	3
	7		1					
			9		5			
3				6			8	
			7			5		
8								
4				3				
	9					1		
				8				

No: 143 | Sat, May 23, 2015 | Moderate

	4				9	1		
5				4				
	9	1			3		6	
	8						7	5
								4
			7	5				
			1			8		
3								

No: 144 | Sun, May 24, 2015 | Cruel

				9	5			
	3			6				
	7					4		
4			1					
							9	6
			3					
			8			7	3	
5		9						
						1		

No: 145 | Mon, May 25, 2015 | Deadly

2			3	6				
	1						5	
			1		8			
9		4				7		
			2	8				5
5				9		2		6
	9	7			5			
		1					8	
			8		9			4

No: 146 Tue, May 26, 2015 Nasty

						8		9
	7						6	
		3						
				7		3	1	
9								4
8			9		4			
	2					7	3	
			5					

No: 147 Wed, May 27, 2015 Easy

2			1			8		
					9			5
	9		6			2		1
3					6			
		8	7		2	6		
			5					7
4		7			3		9	
9			4					
		3			7			6

The Must Have 2015 Sudoku Puzzle Book

No: 148 Thu, May 28, 2015 Moderate

					6	3		1
9			5					
	8					4		
5			8				9	
7					1			
				3				
	1	3						
			9	7				
						2	4	

No: 149 Fri, May 29, 2015 Cruel

				4			5	
3			8					
						9		
2						8		3
				7	5			
			9					
	5	4					1	
			3			6		
	7							

No: 150 Sat, May 30, 2015 Easy

		2	8					
			1				7	
9			3		4			8
2	7	1					6	
							3	
		8				2		
					1	4		6
	6		5	7			2	
		5				1		

No: 151 Sun, May 31, 2015 Deadly

1	3					4		
		5					6	
	6	4	3					5
		2	6		4			
	5			7				
		9			1	5		
			2		9	3	8	
				1		2		7
								9

No: 152 | Mon, Jun 1, 2015 | Nasty

						4		3
1				5				
6								
5				6			1	
			7			9		
	3	7	4					
	4		9			8		
							5	

No: 153 | Tue, Jun 2, 2015 | Moderate

		9		7	5			
				2			6	
3								
			3				2	
	8	7						
	5							
1			6					8
			4			7		
						9		5

No: 154 Wed, Jun 3, 2015 Easy

	8			9			6	5
7		2			1			
			2		8	3		
			7	4				
	5							
8						2		
	6			5		1		
			9			5	4	

No: 155 Thu, Jun 4, 2015 Cruel

2						7	6	
		4				3		5
					7		4	1
4			5	7		6		
		7	8		9			
3				6	4			
1				3			5	
	9							
		6	1		2			7

No: 156 | Fri, Jun 5, 2015 | Moderate

				9			5	
1				7				
3								
8			3			1		
			8				9	
	9	2				7		
			4			3		
	5				7		6	

No: 157 | Sat, Jun 6, 2015 | Deadly

	5			1	8			
			2	9				
	2				6	7		
	6					2		3
2		9					5	7
			9				1	
		4		3				
6					9	4		1
	3			2				

No: 158 | Sun, Jun 7, 2015 | Nasty

					5		3	
	8		6					
3		5		9				
				4		8		
7								
	2					6		5
			3	1				
			7			9		

No: 159 | Mon, Jun 8, 2015 | Easy

3			1					
7		4		5		8		
		9			7		6	
	7					1		
1			5				3	
4				3				8
						5	7	
					9			
			7	2			1	6

No: 160 | Tue, Jun 9, 2015 | Cruel

				8		4		
6			5					
7						3		
	9			3		8		
					7			1
	4	3					9	
			1				7	6

No: 161 | Wed, Jun 10, 2015 | Easy

						9	7	
					1		3	8
	9				6			5
		1		4		3	2	
		2	3		9			
7		4	6	5				
			4	6	5			
8						2		
	7		8					

No: 162 Thu, Jun 11, 2015 Moderate

				9		6		
2							7	
3								
		4	7		2			
	8					5		9
			3					
	5			6		8		
							2	
	2		1	3				

No: 163 Fri, Jun 12, 2015 Deadly

				2	9			
		7	5		1			
	3	1					2	
	7						9	6
6						5		2
3	9				5	1		
				7	2			4
		9	4					
			9	3		6		

No: 164 | Sat, Jun 13, 2015 | Nasty

					8		3	2
5		4						
							8	
			4		3		6	
9						5		
			5	9		7		
				1		9		
	3							

No: 165 | Sun, Jun 14, 2015 | X-Deadly

				8			6	
9		7						
					3			
			5			7		9
	3	4						
						1		
	8			6			3	
1			7			9		

No: 166 | Mon, Jun 15, 2015 | Easy

1		7			6	8		
4	6			3				
					5			
		6		8	7			9
				5				1
		5		2	1			6
					9			
5	9			7				
7		1			8	2		

No: 167 | Tue, Jun 16, 2015 | Moderate

		2				1		
	9	1			3			
5					2			8
					6	7	9	
9			7	8				
	6			5				
2							4	6
6			3				7	
	7	9		4		3		

No: 168 | Wed, Jun 17, 2015 | Deadly

				1		5		
		2	9		7			
	9				6			
	1						3	
2					1	7	4	
	6	7		9				8
8				6			9	5
			7	2		8		
					9	4		

No: 169 | Thu, Jun 18, 2015 | Cruel

9				5	4		8	
6				7				
3								
		4	3			7		
	7						5	
			1					
1				2				
						3		
			8					

No: 170 | Fri, Jun 19, 2015 | Easy

			3					8
	7				6			
				8		6		
5						1		
		4			2	3		
	6			9		5	7	
		6	9	1	3			
					8			6
3							5	

No: 171 | Sat, Jun 20, 2015 | Nasty

					6	1		
	7	3						
	5							
1						9		
						5		1
			3					
			8				4	7
			7	9			3	
8								

No: 172 | Sun, Jun 21, 2015 | Moderate

	7	4		3	1		6	
5				6				
1					2			
						8		5
7	8				5	9		
2		9		1			4	
			7	8				6
8					6		2	
			1			3		

No: 173 | Mon, Jun 22, 2015 | Deadly

4			7			2		
		9	5				8	
							9	7
5		8			3		7	
	4						6	
	3		4			8		9
8	9							
	6				4	3		
		4			5			8

No: 174 | Tue, Jun 23, 2015 | Easy

	7		3			4		5
5			9				2	
2								
					4		7	
4	2		7		1		9	6
	9		2					
								4
	6				5			2
9		2			7		1	

No: 175 | Wed, Jun 24, 2015 | Cruel

8			4		3			
		6					5	
4			9					
	1			5		4		
	7	5						
						3		
9			3					
							2	
				7				

No: 176 Thu, Jun 25, 2015 Nasty

					1	2		7
9		3						
				8				
8			9	6				
	2					5		
			4					
	5				2			
6							9	
			3					

No: 177 Fri, Jun 26, 2015 Easy

	5		9		4		7	2
7						5		
			3					
		3	6					
	9					7		
				9		8	4	
8				7		2	5	
		1					6	
				6	9		3	

No: 178 — Sat, Jun 27, 2015 — Moderate

		9				2	5	
3			5		1			
	8			9				
			2			1		
	2			7	8	4	6	
			3			8		
	6			3				
9			6		7			
		1				9	8	

No: 179 — Sun, Jun 28, 2015 — Deadly

	9			4			1	
3		7				4		8
8								7
				6				
		3	5		8	2		
			1	3	2			
5	8		6		9		7	2
	3						6	
7								4

No: 180 | Mon, Jun 29, 2015 | Easy

	4	2	8					5
		5		4	3	7		8
		9					7	
	2			7			8	
	3					1		
8		7	6	5		2		
4					1	9	6	

No: 181 | Tue, Jun 30, 2015 | Cruel

				7		5		4
		3	9					
						8		
			6		3		2	
7	5							
1								
8	4			5				
			3				6	

No: 182 | Wed, Jul 1, 2015 | Moderate

1				5				6
		7					4	
	5					3		2
				8	3	7		
9			2			8		
			7				2	
		8	4	7		1		
	2				6		8	
7		9						

No: 183 | Thu, Jul 2, 2015 | Nasty

					4		8	9
	7	3						
8				1	9			
	6					3		
1								
			3	6		5		
9							1	
			7					

No: 184 | Fri, Jul 3, 2015 | Easy

7	1		9	8				
6								3
				3	6	5		
	7						1	6
				4		8	2	
			7			1	9	
3			5			6		8
4					8	2		

No: 185 | Sat, Jul 4, 2015 | Moderate

				7			1	
5	2	9						4
			3					
		4	6					
1				3				9
2	9				5	6		
					1		9	
6	4		8				2	
	1		5	2			6	

No: 186 | Sun, Jul 5, 2015 | Deadly

			6				5	
		5		3		6		
	6				9	4		
5				8		9	6	7
	1		3					
		8					1	
	3	7	5				9	
6			2		3	8		
			9					4

No: 187 | Mon, Jul 6, 2015 | Cruel

				8	3		4	
	6	5						
			6	9		5		
8		3						
4								
	7		5					1
			2			9		
							3	

No: 188 Tue, Jul 7, 2015 Easy

3	6							
4		9				8		
					2		7	
6				4	3		2	
			6		5			
	1		9	8				6
	2		8					
		7				9		1
							3	7

No: 189 Wed, Jul 8, 2015 Nasty

		1				4		
2				3		8		
		7			9		3	2
			4		6	3		
			1				6	
	1			9	7			
8	4					9		6
		5	9					
		3					7	

No: 190 | Thu, Jul 9, 2015 | X-Deadly

	7		5					
8						9		
				3				
	5		7	8				
	4						2	
				9		1		
			4				5	
9						6		
3							1	

No: 191 | Fri, Jul 10, 2015 | Moderate

5							3	
	8		1					6
		9				8		
9		8			3		2	
4	6			2				
3		2			5		7	
		4				7		
	7		9					5
6							4	

No: 192 | Sat, Jul 11, 2015 | Easy

	6			3	5	9		
8	7							
				1				
			8		4	7		
	5	3						2
6							1	
7			6	9				
			4	8	2		5	
			3			2	9	

No: 193 | Sun, Jul 12, 2015 | Deadly

		3				8		
	6		7		9		1	
	1						9	
	5		3		8		6	
		8				2		
		6				7		
5	9						3	4
	3		6		1		2	

No: 194 | Mon, Jul 13, 2015 | Cruel

				9		6		4
	8		5					
						7	2	
	3			1	2			
1			6		5			2
			9	8	7			
9		6					7	
		3				5		9
4				7			1	

No: 195 | Tue, Jul 14, 2015 | Nasty

8		3						
						8		1
6		7				2		
						6		4
					7			3
				6			5	
	5	9	1				7	
					2	4		
	2		3	7				5

No: 196 | Wed, Jul 15, 2015 | Easy

	4			3	1	9		
5				7				
		1	6				2	
			9			6	5	
7							8	
	3		4					
4			5		2	8		
	6					1		
					8	5		3

No: 197 | Thu, Jul 16, 2015 | Moderate

	3	2						
6			8			9		
9					1			5
	5				9			3
						4	1	6
		6	7					
	9			1		7		
				7				2
		8	4	3			5	

No: 198 | **Fri, Jul 17, 2015** | **Deadly**

6		4		9	1		2	
		9						
2	7		6					
		5		2				8
3			8				5	
9						1		2
					6	7		
7				8			1	9
			5		7		8	

No: 199 | **Sat, Jul 18, 2015** | **Easy**

	3			7		1	8	
							3	4
								6
	5	7				9		
	8		6					
			3	5	1			
9				1		2		
3		6						
4				6	8			

No: 200 | Sun, Jul 19, 2015 | Nasty

					9	2		
1			6		5		7	
8				1				
		6	5			3		
				3			6	4
		4	7			8		
6				5				
9			4		2		3	
					8	4		

No: 201 | Mon, Jul 20, 2015 | Cruel

	8	2					1	
								2
5		1			6			
			5			1		
	6		9					
2		4		8	1			
	7		8			3		5
		6		9				8
			6			7		

No: 202 | Tue, Jul 21, 2015 | Moderate

			5	9		8		
		9			4			5
	8		3					
3		2	4					1
6								2
	7					6		4
5					2	7		
							1	
	3		9	8	7			

No: 203 | Wed, Jul 22, 2015 | X-Cruel

		3			8			
2	5			4				
		9	2					
	3		8					6
	1	5		3			2	
			1		6	5		
				9		7		2
4				5	2		6	
	9						4	

No: 204 | Thu, Jul 23, 2015 | Easy

	5	2		7		8		
6			5					
	9	7						
	8	4					6	
			9				5	
	3						7	1
			2	8	3			
9					4	3		
7	2					1	8	

No: 205 | Fri, Jul 24, 2015 | Deadly

		9	5					3
					3	5		
3						4		
1					8		6	
				4		7	9	
	6		1					
	5	7		1		2		
			8	7				5
6							1	

No: 206 | Sat, Jul 25, 2015 | Moderate

1		4			6			
				1	3			
		8	7					
				8			6	4
		7	3		1		8	
6			4	5		7		
5				3		8		9
	1							
		2	1					3

No: 207 | Sun, Jul 26, 2015 | Nasty

	3	2				8	9	
	8		1		3		6	
		4				7		
5								9
	7	6				3	8	
9			8		4			5
			7		9			
		5				2		
				5				

No: 208 | Mon, Jul 27, 2015 | Cruel

	5			9		2		7
				1	8			
			2					1
					2		7	
	9						4	8
	4	6				3		
4			9					
8			1	2				5
	6	3						

No: 209 | Tue, Jul 28, 2015 | Easy

	4			7	5			
	3						5	1
					4			
7		9				1		
8			6			9		
4								
	6		3	9				
		2	8				4	5
		1			2		7	

No: 210 | Wed, Jul 29, 2015 | Moderate

			7		9			
	3					4		
	6		5					
5		2					7	
				3				
							9	
						6	8	4
7			1					
						3		

No: 211 | Thu, Jul 30, 2015 | Deadly

	5	4	7	2				
			4		8			
				5	3			
8						3	2	
						8		9
1	2						4	6
5								1
7			6					2
	8	9	3		2			

No: 212 | Fri, Jul 31, 2015 | Easy

		8		7	9	5		
	3			1			8	
	6							
8	1		3					
7	2	3	1			9		
			6				1	
9						4		
	7			5			3	
			4			6	7	

No: 213 | Sat, Aug 1, 2015 | Nasty

		3	6		1	2		
							4	
7				4				
8								1
		1					2	
2							9	4
6						9	7	
	3			7	9	4		5
			2		6		3	

No: 214 Sun, Aug 2, 2015 Cruel

					4		2	8
	6	5	2					3
	8				5			
			9		6	8		2
	7		3					
				5	8		9	
6							1	
				1		7	3	
3		1						

No: 215 Mon, Aug 3, 2015 Easy

2				7	4	5		
1		3				2		
					2			
	7			5		4		
6			1					
	9	2	4					
9			8				3	1
	4		5			9	8	
			7			6		4

No: 216 | Tue, Aug 4, 2015 | Moderate

			5					3
	9	4						
	7							
6			1					
						8	4	
			3					
				7	4	9		
				8		6	7	
5								

No: 217 | Wed, Aug 5, 2015 | X-Deadly

			9	6	8			
				5				
			4		2			
1				3				7
		5	6		9	1		
	9		8		1		3	
6	5						8	2
2		4				9		1
		7				6		

No: 218 | Thu, Aug 6, 2015 | Easy

9				5			8	
1	7					2	9	
		4		8				
3		6				4		
			1			6		
	5			2		9		1
			6			5		3
	8	9	7					2
		5	4			8		

No: 219 | Fri, Aug 7, 2015 | Nasty

		6	9		7	3		
		8			4		5	
			6					7
	1						4	6
6			5					
	5			6		7		3
	9						7	8
		7	2		1			
				8				

No: 220 | Sat, Aug 8, 2015 | Deadly

2		7		8				
				7		2		
			9		2		3	
		8		3		6		
			5		9		2	8
	9			6		5		
	6				3			5
8		9	4					
	1							6

No: 221 | Sun, Aug 9, 2015 | Moderate

			5			1		
9						8		
			7		1			
							4	6
3				2				
							7	
		1		8		3		
	7	4						
	5				9	7		

No: 222 | Mon, Aug 10, 2015 | Cruel

9		1						
			8			2		
7								
	8		3		6			
		7					1	
			4					
	5					3		4
6				7				
						8		

No: 223 | Tue, Aug 11, 2015 | Easy

			4	5		3		9
	7	2						
						4		
1			6			5		
9				3				
							7	
			7		2		8	
3								
			8			2	9	

No: 224 | Wed, Aug 12, 2015 | Deadly

			4		6			
				8		7		1
			9	2				8
6		9				5		
	2	1				8	7	
8								6
	9		8	5				
				7				
	6	2			9			

No: 225 | Thu, Aug 13, 2015 | Moderate

			5	7				
2						8		
						4		
9	7			3				
			8				5	
			6			1		
4			1					
	1						7	
								3

No: 226 | Fri, Aug 14, 2015 | Nasty

			4		1		5	
			6	3				1
	9				2			
					7	4		3
	6		8				1	
		5		2			8	9
2	7		3					
		9		4		8		
		6						

No: 227 | Sat, Aug 15, 2015 | Cruel

3				6		7		
1	9							
	5		1					
				9		4		
		7				8		
			3				9	5
8					4			
			5					

No: 228 Sun, Aug 16, 2015 Easy

	4			6			1	
7			5	3				8
	8			5	3			
1	2		8					6
			2				7	
							2	7
8					1	3		
	6			4		5		

No: 229 Mon, Aug 17, 2015 Deadly

	9	7			1			
6							1	
5			8					2
		6	9					
					3	4	8	9
1				5				
				8			5	4
	1			9		6		
		8		3		7		

No: 230 | Tue, Aug 18, 2015 | Moderate

			5	6		7		
	2	3						
1	7		9					
			2				3	
								8
5				8		9		
7					4			
				3				

No: 231 | Wed, Aug 19, 2015 | Easy

2							3	
		6				1		4
		9		5			7	
			7					
	5		3			9		
		1	4	6	9			
			9			6	4	
5				1				
	8							2

No: 232 | Thu, Aug 20, 2015 | Nasty

		5			4			7
		4					9	
	9			5		1		
	5	6	2					
			7					2
	3	7	9					
	6			7		9		
		2					6	
		1			8			4

No: 233 | Fri, Aug 21, 2015 | Cruel

			8	7				1
4			3					
5								
	7			9	5			
	8					3		
9						5	7	
	6		1					
							2	

No: 234 | Sat, Aug 22, 2015 | Easy

			7		4			
7		8	5		2	6		9
	9			1			6	
			6		7			
	1						4	
	5	4				7	9	
3		2				1		4
		1	8		5	3		

No: 235 | Sun, Aug 23, 2015 | Moderate

			9			5		
			1					4
		3						
	6			3	7			
5						9		
			5			1	8	
6				4				
	3						7	

No: 236 | Mon, Aug 24, 2015 | Deadly

5							7	
	7					4		2
		1				3	8	
6			5					
4	9	3	8					
				9	1			
	2			8		7		
		9		6			2	
				7	3			8

No: 237 | Tue, Aug 25, 2015 | Easy

	1				8	5	4	
							8	9
9		7						2
			4	6				7
4				1	9			
6			3		7			
	3					2		
		4						3
			1	5		6		

No: 238 | Wed, Aug 26, 2015 | Nasty

		1				9		
8	2				6			
	5			7				3
			2				9	
			5			2		
	6			3	1			
9		7						8
	3		7			4	2	
		2					1	

No: 239 | Thu, Aug 27, 2015 | Cruel

				5		3		
	6				7		4	9
		5	1					2
	2	3			4			
						8		
	5	6			8			
		7	6					5
	1				2		9	6
				9		2		

No: 240 Fri, Aug 28, 2015 Moderate

		2	8			7		6
		3						
						8		
				9			3	5
6	8							
	1							
5				3	4			
			7				9	
						1		

No: 241 Sat, Aug 29, 2015 Easy

	6					4	5	
3				6		2		9
		2						
	9				5		4	
	4	8						6
			1	7				
1			3					7
						9		
5						1		4

No: 242 Sun, Aug 30, 2015 Deadly

			6					
							7	8
		9		2	1			
1						5		
		5			9		6	
		4		3	5		9	
			1				3	4
	3			4	6	1		
	5					7		

No: 243 Mon, Aug 31, 2015 Nasty

6			4					
1		8			7			
			3	8		9		
		7					6	
		9	8			2		
	4			3		7		8
2				9	3		1	
			5					
		3					4	2

No: 244 Tue, Sep 1, 2015 Cruel

				8		5		
	8						3	6
	5	6			2			
	4			5			8	
		2		9	3			
	3			7			5	
	1	4			5			
	9						7	1
				3		9		

No: 245 Wed, Sep 2, 2015 Moderate

			8		4	7		
9		3						
			5				9	6
	7		1					
								2
	4					3		
				2			5	
6				9				

No: 246 | Thu, Sep 3, 2015 | X-Deadly

3			8			5		
			5		6			
7								
6								7
				5			9	
			1					
		5				1	4	
	9			3	7			

No: 247 | Fri, Sep 4, 2015 | Easy

						5		6
			4	5				
		2			7	1		
	5			8			7	
	8		2	1			4	
		6						3
6		9						
			7	3				9
8					9		3	

No: 248 | Sat, Sep 5, 2015 | Moderate

			6				3	
5				9				
7								
3	6							
				5		8		
			8					
		4				5		9
					7	1		
	2		3				4	

No: 249 | Sun, Sep 6, 2015 | Deadly

				7	9	4		
3			6					
		4						3
4	6		1					8
			5					2
	7			4	6		1	
8	1					2		
		7	4		8			
		6			1		5	

No: 250 **Mon, Sep 7, 2015** **Nasty**

		8	5				2	
6	1				9			
2				4				
	9	7	2					
	6			5			9	
					7	3	1	
				9				5
			4				8	7
	3				5	4		

No: 251 **Tue, Sep 8, 2015** **Easy**

		6				2		
		2	5		4	7		
8							6	4
		1	3				5	
	3							
7					8		9	
2		7			3		4	8
	9			7				
		8	2			5		

No: 252 | Wed, Sep 9, 2015 | Cruel

				3		6		
4								9
9								
8	6		7					
7							3	
						1	5	
			4		7			
	1					3		
			9					

No: 253 | Thu, Sep 10, 2015 | Moderate

2					9	7		
	5		3					
7			5	2				
			4				3	9
6								
		3			8			
				7		2		
	4			9				

No: 254 Fri, Sep 11, 2015 Easy

5								
		3				8		
	7		2		9			
		8						3
				1	4		2	8
		7		6				4
	5					9		
				3				6
			9	2	8		4	7

No: 255 Sat, Sep 12, 2015 Deadly

				3	4			
4			2	8		1		
	3		6		1		4	
		4		7		8		1
					8		2	9
		7				6	5	
6		9	7		2			
						9		
2		8					7	

				2	1			6
			4				3	
							1	9
	9							
7			6			1	9	
6				2		7		8
			8	5				
	2	5	3					4
1		7		4		8		

				1			6	3
	7	9						
		8				7		
4				3				
			6				5	
			9		8	1		
3	5							
			7					

No: 258 | Tue, Sep 15, 2015 | Easy

	9	6					4	3
	8		6					
7					2			
			1			5		
9		4						
3								7
2			5	3			1	
	5			9				
	7				8	6		

No: 259 | Wed, Sep 16, 2015 | Moderate

3			2			1		
			9		5			
				6	4			
			8			3	6	
	5					7		
8			7	3				
	1						5	4
	2							

No: 260 | Thu, Sep 17, 2015 | Deadly

						3		
9				8			2	
6				3	4	9		7
	1		4			2		
		7				8	1	
	4				6			
	9			4				
		2	9		7			
						7	8	

No: 261 | Fri, Sep 18, 2015 | Easy

		1			6			4
			7	3				
8	6			4			3	
4	5	6				1		
		9				8	6	7
	7			8			1	2
				9	1			
9			6			4		

No: 262 | Sat, Sep 19, 2015 | Nasty

				6	5			4
			8	7		6		1
		3						
	4		5					
3	9				6		7	
6				4				
	1						8	
				8		9		5
9	7						2	3

No: 263 | Sun, Sep 20, 2015 | Cruel

		1				2		8
				3	1	6	4	
8								
							2	
	1				6		7	9
	6			8		3		
6	9				8			
	3		7	4				
5				2				

No: 264 | Mon, Sep 21, 2015 | Moderate

6			8			9		
2	7			1				
				4				
	4			5			6	
					3	8		
					2	3		
3			9					
			7					4
							5	

No: 265 | Tue, Sep 22, 2015 | Easy

		9		6	5	8		
	8				9			6
7			4			6	8	
	9	3				7	4	
	4	5			7			3
5			2				7	
		4	7	9		1		

No: 266 | Wed, Sep 23, 2015 | Deadly

5							2	
		3		2	6			7
	7				5	4		
			9		3		8	
	9							
	1	5	4				9	2
		9						
6			1		2		7	
	8				9			3

No: 267 | Thu, Sep 24, 2015 | Easy

			2		5			
3		2				4		5
9		6		3		2		7
		9	8		7	3		
		7				9		
8				7				9
4			9	1	6			8
			4		8			

No: 268 | Fri, Sep 25, 2015 | Moderate

		3				1		
	9			5				
			7					
7			1			4		
6	4					7		
					3			
				6			8	5
1							9	
		9	2					

No: 269 | Sat, Sep 26, 2015 | Nasty

	2		1	3		9		
1	5				9			7
					8			
		2				6	5	
4								
		5				4	9	
					4			
3	7				1			5
	6		8	9		1		

No: 270 | Sun, Sep 27, 2015 | Cruel

5						6		
	8	2			5			
		1						2
4			9	8			2	
			2		1			
		8		4	3			
	3	4	5			9	1	
8		5					4	
	1				2			3

No: 271 | Mon, Sep 28, 2015 | Easy

	9	8			5	3		
3						7		
5			2			6		
		7			1		4	
					7			
2			6	5			9	
7	8	2						6
			7		9			
						1		

No: 272 | Tue, Sep 29, 2015 | Moderate

		8				9		
2			3					
			7					
				8		4	5	
				9	5	6		
3								
	5		1					7
				6			8	
							1	

No: 273 | Wed, Sep 30, 2015 | Deadly

	5			1			6	
3	7				6		8	1
1			8					
2				8			4	
9					2			7
	8	5				9		
			6					
			1				3	8
				2	9	4	5	

No: 274 Thu, Oct 1, 2015 Nasty

		9		8		4		
			2					
3					4	7		9
	8				5			
6					2		9	
		4	8	3				
1		8					4	6
				1		3		2
		6				8	7	

No: 275 Fri, Oct 2, 2015 Cruel

			7					3
			5					
2								
6				2		9		
	3		1					
						2	8	
					7		9	
	1			3				
5						4		

No: 276 | Sat, Oct 3, 2015 | Moderate

	7		5	6				
4							8	
					3	7		
8						5		
9				2				
	5							3
			8		4			1
			9	1				

No: 277 | Sun, Oct 4, 2015 | Easy

9					4			1
			8		5	4	2	
						9	8	
	4				6			
				8				
5	7		3			1		
	5	2			1		7	
	8	1				2	9	
3								

No: 278 | Mon, Oct 5, 2015 | Deadly

					1	2	8	
			5			3		
8					2			7
	8		2		3			5
	2						7	
4			7		9		3	
9			4					1
		1			6			
	7	6	9					

No: 279 | Tue, Oct 6, 2015 | Nasty

			6		1			9
7	3				4			
						8		
							2	3
	9	6	5					
		2		9				6
	5	4	2	7				
6		3		1			8	
	7						4	

No: 280 Wed, Oct 7, 2015 Cruel

						5	9	
		1		4				
	3							
7			5	8				
	6						4	
					1			3
9			8					
5			9					
						3		

No: 281 Thu, Oct 8, 2015 Easy

		9				4	3	
				6				
7			5		4			
		4				1	9	
	3						8	
		8			9	7		
5			7		8			
4			9	3			1	5
							7	

No: 282 **Fri, Oct 9, 2015** **Moderate**

			9	8	7		6	
	4							3
			6					1
9		2			4	8		
4					2		1	
3			7	6				
			2				9	
7				1		3		
	3	8						

No: 283 **Sat, Oct 10, 2015** **X-Cruel**

				5				7
	5		9				6	
					7		3	
	9				3		2	
3				1				
		8	2		4	5		
					8			6
	1	5	7					
7						9		4

No: 284 Sun, Oct 11, 2015 **Nasty**

			5					
6	1	4	3			2		
		9			4		7	
				4		8	2	
		7				6		
	2	1		6				
	5		4			7		
		8			6	9	4	2
					1			

No: 285 Mon, Oct 12, 2015 **Easy**

1		6				4		
				7	1		2	
			8				7	
	6	1			4	7		
			6					
	8	7			3	5		
			9				3	
				4	8		6	
7		9				1		

No: 286 | Tue, Oct 13, 2015 | Moderate

			4		2			
	4			8	5	6		
7							2	
			2		9		6	1
		9	1				4	
	2			4	3			5
8	9			6				
		1	3				5	
		3				9		

No: 287 | Wed, Oct 14, 2015 | Cruel

			9				1	
5						3		
			6		4			
	9		1					
								7
						5		
				3		8		5
7		9						
	6						3	

No: 288 | Thu, Oct 15, 2015 | Easy

								1
	4	6		1		2		
			5		8			6
4	2		1			5		
8	7		4			3		
			7		4			3
	6	1		2		4		
								8

No: 289 | Fri, Oct 16, 2015 | X-Deadly

			8		7	9		5
				1		4		
					6			2
		8				5		6
6		9		2		7		4
1		2				3		
5			1					
		4		8				
8		3	9		2			

No: 290 | Sat, Oct 17, 2015 | Moderate

	9				1			
			9				1	
6	3			4				8
1			2	7				
	2						8	
				6	3			4
7				5			6	9
	4				8			
			4				5	

No: 291 | Sun, Oct 18, 2015 | Nasty

2	5				6			
7				5	8		6	
				7		2		
						5	9	
	3	2					8	4
9	8							
		3	5				2	6
	4		3	6		8		
				8		4		9

No: 292 | Mon, Oct 19, 2015 | Easy

	9			3			4	
			5		2			
		5	8		4	9		
4	5						1	6
8			7		3			5
	1						5	
	8	2				1	9	
7								3

No: 293 | Tue, Oct 20, 2015 | Cruel

		2		7		6		
9		6	3		2	8		1
			1		4			
	7		4		9		3	
1				8				9
5								4
	2	3				9	5	
8								3

No: 294 | Wed, Oct 21, 2015 | Moderate

			6		5			
8			7	4	9			6
9		6				2		7
		5				6		
			2		1			
		9	8		7	1		
		7	5		2	9		
	5						2	

No: 295 | Thu, Oct 22, 2015 | Easy

			1	6		5		
		2					1	
	8							4
	4			9	8			
		7			6			3
5								9
9				3			7	
3	2				4	6		
	7	6	8					

No: 296 **Fri, Oct 23, 2015** **Nasty**

	5				8	4		
9		6					8	3
	2			7				9
			4	1		2		
		7	9					
5								4
7			2					
	6							8
	3	2			6		1	

No: 297 **Sat, Oct 24, 2015** **Cruel**

				7		5		6
8					3			
	6	9	2					7
							2	
	7			4				8
1	3					4		
7						9		
			1	5		8		
5		2	6				7	

No: 298 | Sun, Oct 25, 2015 | Easy

1		7		6				5
				9		4		8
5			8				2	
		1				7		
4	9				1	2		
				2			3	
	7		2	1				
		5			3			
2	1							

No: 299 | Mon, Oct 26, 2015 | X-Cruel

	2	4					1	
			4	7				2
		9				6		
			1					
6		2					5	
8					6		9	
3				5		8		9
								4
		5	3	4				

No: 300 | Tue, Oct 27, 2015 | Nasty

				4			3	
				3	2		8	7
	3	9	6					
		3					6	
		1					4	8
4		5				1		
	6		8	7	1	5		
		2				6		
			2					

No: 301 | Wed, Oct 28, 2015 | Easy

9			3	7			5	
							7	
	8	1			9			
				8	4		3	
		9		1		6		
	3		5	9				
			6			7	8	
	2							
	5			4	8			1

No: 302 | Thu, Oct 29, 2015 | Moderate

	6	9				3		
8			1			7		
1				8			2	
	5							7
		2		5		8	4	
					9			
9	7			4				
		4		2				8
			8				5	

No: 303 | Fri, Oct 30, 2015 | Cruel

		3	8				6	
		7	3					1
				7	6			4
						5		6
6	4						7	8
3		9						
5			9	1				
9					7	1		
	7				8	2		

No: 304 | Sat, Oct 31, 2015 | Easy

				8				
6		1				9		4
2	4						3	8
			2		8			
	3			7			5	
7				9				1
	2						1	
			9		7			
9			3		1			6

No: 305 | Sun, Nov 1, 2015 | X-Deadly

				6	9	4		3
						5	1	
		1	5			6		
		2				3		1
9							7	
6					8		4	5
4	2	5	9					
	6			2	7			
7			6		5			

No: 306 | Mon, Nov 2, 2015 | Moderate

5						9		
3							7	
			2		7	3		6
	3			2		5		
		8			4			
1			3			6		
	8	7		6				
		4			2			
			4				9	8

No: 307 | Tue, Nov 3, 2015 | Nasty

1			6			7		
		3						
			7					
				3	9	8		
	6					9		
				5				
	7		4				5	
							3	2
9					1			

No: 308 | Wed, Nov 4, 2015 | Cruel

				1				3
	9		5					
5		6		4	3			
	8					7	9	
3		1				6		
			7				5	
4								

No: 309 | Thu, Nov 5, 2015 | Easy

			7			8		
7	9		6	5				
5					1			
		3					8	
9			3		8			7
	1					6		
			8					3
				7	9		5	6
		4			3			

No: 310 | Fri, Nov 6, 2015 | Moderate

	3			9				1
		4		7	8		9	
		6			5			
	7					3	6	
2							1	5
		1						
8			7			5	3	
6					1			9
	2	7		8				

No: 311 | Sat, Nov 7, 2015 | X-Deadly

		5		6		2		
		7		8	2	6		
							3	5
				4			1	
1					7		6	4
	4							
	6						8	2
2		3	9					
	8			1				

No: 312 | Sun, Nov 8, 2015 | Easy

	9	5				1		4
	8		5					
						7		
			3	5			8	
1							9	
		7	1		8	3		
	5					6	3	
				8	1			
9					5	8		2

No: 313 | Mon, Nov 9, 2015 | Nasty

1	9						5	
				3				
							2	
6			1		5			
8						3		
						4		
	4	7						
	3		5					
			9			6		

No: 314 | Tue, Nov 10, 2015 | Cruel

				4	5		1	
		6	8					
	7							
			6			7		
5	2							
1						9	5	
		9	3					
			7	2				

No: 315 | Wed, Nov 11, 2015 | Easy

								7
	1			3	7	9		
4					2			
3			1		9		4	
		6					9	
7			4		6		2	
2					1			
	9			8	3	4		
								8

No: 316 | Thu, Nov 12, 2015 | Moderate

	8		4		7			9
			8			2		4
4				9			7	
			6				1	
3								6
	4				2			
	2			8				5
9		7			3			
8			1		4		2	

No: 317 | Fri, Nov 13, 2015 | Nasty

4			8			1		
				5				
6			2		4			
		7				3	5	
							9	
	5			3				
9								7
			1			6		

No: 318 | Sat, Nov 14, 2015 | Easy

4								
					5			
9	7	6	4					
		5		8			1	
			2		1			
3		2		6		9		
			6		9	2		
	3					5		
6			8			7		9

No: 319 | Sun, Nov 15, 2015 | Moderate

		2		7			4	
			9				7	
	3							
4						8	6	
			3		1			
			5					
7				6		9		
		5						1
						3		

No: 320 Mon, Nov 16, 2015 Cruel

	3				9		4	
8					3	6		
			2		8			5
		9				2		
								4
6	4	8				7		3
	8		7		2			
9								6
		5		1	4		7	

No: 321 Tue, Nov 17, 2015 Easy

			8		9			
			4		6	1	9	
		4						8
	5						6	
		7	9		1	3		
	8						4	
5						6		
	9	6	1		3			
			7		4			

No: 322 | Wed, Nov 18, 2015 | X-Deadly

			6		4			
1								7
	8						9	
			1	8	7			
	9						1	
6								5
		5		4		9		
	1			9			7	
9	7		8		5		3	1

No: 323 | Thu, Nov 19, 2015 | Nasty

4	3		6					
				7			1	5
3			7	1				
9						5		
			8					2
		2			5			
							3	
						4		

No: 324 | Fri, Nov 20, 2015 | Moderate

				7	3			
4							2	
9								
	7	5		8		6		
			6				4	
	3							
	1							7
			4			9		
2						1	5	

No: 325 | Sat, Nov 21, 2015 | Cruel

	7					4		
4	6			1				
		9						5
1	8			6				
			5		3		7	
				9				
	9					1		
5		6			2		9	8
	1				6		3	

No: 326 Sun, Nov 22, 2015 Easy

	9						3	
2				4			7	9
		7						
	2	5	1					
1			7				6	
				8	3			
					4	2		
4	1				9			3
	7			2			5	

No: 327 Mon, Nov 23, 2015 X-Deadly

	9							
4			9					
			4	1	2	6	9	
	8	6				2		
		1			5	3	7	
		7		4				1
		8	5	2				
		4		6				3
					7		8	

No: 328 | Tue, Nov 24, 2015 | Moderate

2					4			8
	9	4			8		1	3
	5			3		6		
				8				
		5	7				2	
1	8						6	
		1						
	6			2	9			4
3	2						5	

No: 329 | Wed, Nov 25, 2015 | Nasty

			6		3			
4			5					
9						2		
3				1		9		
			8				6	
	6	8			9			
				7		1		
	5					3		

No: 330 | Thu, Nov 26, 2015 | Easy

			8		4			
6		3				9		8
	9			8			5	
		4		3		6		
8				7				9
1								5
4	5	6				8	9	7
	7						2	

No: 331 | Fri, Nov 27, 2015 | Cruel

						4		
		1			3		9	
	8			5				2
			1					8
		8		4		6		9
	2						4	3
4				7				
	3				8			
		2	9	3	6			

No: 332 | Sat, Nov 28, 2015 | Easy

				4				
			8		3			
4	2						8	5
3		9	7		4	1		2
	5						4	
		2		5		9		
	3						6	
			3		1			
7			4		2			3

No: 333 | Sun, Nov 29, 2015 | Moderate

	6				9			
5		7				1		
	9					8	6	
								7
3			9	7				
		4	5	1				
	2	8	4				1	
		6				9		8
1				5			4	

No: 334 | Mon, Nov 30, 2015 | Nasty

			4			1		
	2		8					
	9							
				9			8	
1							7	
					3			
7	8		5					
				2		3		
6						9		

No: 335 | Tue, Dec 1, 2015 | Easy

2				4		6		
		3	1				8	
	1		3		5	4		
	6	2				5		7
5							6	
		9			2			1
3		4	7					
	9			5				
			2		8			

No: 336 | Wed, Dec 2, 2015 | X-Cruel

9	5		6					
						2	6	1
	3			4				
								5
	6	5	4		8	3	1	
3								
				8			4	
8	7	9						
					1		5	6

No: 337 | Thu, Dec 3, 2015 | Moderate

9				6			8	
	1						5	4
5	6		3					
			8			4	3	
		2				1		
	3	1			7			
					3		4	9
3	9						1	
	2			5				7

No: 338 | Fri, Dec 4, 2015 | Nasty

		7					6	
					3		8	
4								
			5	4		7		
	8					9		
	6		2					
5				2		1		
								3
				5	8			

No: 339 | Sat, Dec 5, 2015 | X-Deadly

				3				
		6	4			8	5	
	4	2					6	3
	1		2		7			
5					4			2
			5	6			9	
	5						7	
	8	1			5	2		
		3		8				

No: 340 | Sun, Dec 6, 2015 | Easy

4			3					
	8	1				5		
				9			4	
					9			
5	1	6				8		
9								2
		9		1			2	
8	4			7			5	
	3		8	4				7

No: 341 | Mon, Dec 7, 2015 | Moderate

	9	1	5		7			
8			6		9			
5		4		1	3			
4	1							
		3				2		
6	8	5					3	
				3		1	6	5
					8	7		3
						4	8	

No: 342 | Tue, Dec 8, 2015 | X-Cruel

6	3						1	
								3
	4	9	8	1				
8								
	9	3	4	7		5		
		4		2		6		
			7	8		4		
				5		7		9
					2			5

No: 343 | Wed, Dec 9, 2015 | Easy

	4				2			5
	6		9					7
					8	2	4	
2	8						7	1
		4				9		
6	9						8	4
	1	6	3					
3					7		6	
8			4				3	

No: 344 **Thu, Dec 10, 2015** **Nasty**

		1				9		8
	4		3					
	5					6		
			4				7	
9				8				
6								
			5			4		
8				6				
							3	

No: 345 **Fri, Dec 11, 2015** **Moderate**

			6	2			3	
						4		
				5	1			9
4						6		
6		1			5	7	9	
		5		6		3		1
	1		5	7	8			
2				3				
		4			9			

No: 346 | Sat, Dec 12, 2015 | Easy

			8	9				
1	7					9		
						7	8	
2			6					
		1	9					8
6				2	8			4
	1			4				
8		4					6	
9	5		2		6		7	

No: 347 | Sun, Dec 13, 2015 | X-Cruel

8	1			7				5
4					1			
				9	4		2	8
	2					7		
7								2
		9					3	
9	6		5	4				
			7					4
5				6			9	3

No: 348 | Mon, Dec 14, 2015 | Moderate

				3	7		2	8
				9				
		2						4
				1	5			
3	7		6					9
5			9		8	2		
					1	5		
8								6
1		6		5			9	

No: 349 | Tue, Dec 15, 2015 | Nasty

			3		9		6	
4								5
			8					
				4		7		1
	3					8		
			6			3	9	
1		7						
5						2	1	

No: 350 | Wed, Dec 16, 2015 | X-Deadly

				3		9		1
	7		5					
	6							4
	5		7					
8						3		
9				8				
3							4	
			6				7	

No: 351 | Thu, Dec 17, 2015 | Easy

1		9				2	7	
	3		1					
8		6						
	9				3		8	
					4			
			9	1		5		
2					6	4		3
6			3					8
						1	2	

No: 352 | Fri, Dec 18, 2015 | X-Cruel

			3		7			
8								1
	5		6		1		9	
		4		7		2		
		1				5		
9		7				4		6
		5	1		8	6		
			4		6			
	3						2	

No: 353 | Sat, Dec 19, 2015 | Moderate

					5			
		5		1		6		
	9						4	
	4		9	6				8
9		1	5		4		7	
		8		7	1			
			7	9			1	
1					8	7		
	6			3				

No: 354 Sun, Dec 20, 2015 Easy

	3		1		8			
5								
			3	9		5		
2		4		1				
		7	8		6			
6				3			9	
		6					1	
					7	6		5
							7	2

No: 355 Mon, Dec 21, 2015 Nasty

8			6		4		1	
	3	5				2		
4			8				6	
	9			3				
				2		9		3
6			7					

No: 356 | Tue, Dec 22, 2015 | Moderate

2		1			6			
			3					
	4	8		9				
8			5					9
	9					2		
	7				2		3	
						1		3
7			8	4		5		
	1				5			7

No: 357 | Wed, Dec 23, 2015 | X-Cruel

			9	5			3	
			6			7		
			3				6	4
2	1	8	7					
7					8			3
				1	6			
	7							9
1		4						7
		5		7		2	1	

No: 358 | Thu, Dec 24, 2015 | Easy

	8			5			7	
7								5
	4			9			2	
	5		8		3		1	
			6		9			
	1						8	
		8	9		1	4		
		7	3		2	6		

No: 359 | Fri, Dec 25, 2015 | Nasty

	3			4				
				7				9
9			2					8
			8			4	1	
				1		5	3	
8		9	6					
7								

No: 360   Sat, Dec 26, 2015   Moderate

			6					8
8					1			
		4			8	3		
5		6		9		2	3	
			1					
9		8		4		7	1	
	1				9	4		
6					5			
			3					2

No: 361   Sun, Dec 27, 2015   Easy

	2					7		6
			9	4				
7								8
	6		3		1			
			6				3	
3				7	2		4	
9	1							
		6			8			2
		8	1			3		

No: 362 | Mon, Dec 28, 2015 | X-Cruel

	9				5	7	2	
8	4			9	2		6	
				1				
5		9		8		3		
4		8		7		2		
				5				
6	8			2	7		1	
	1				9	8	3	

No: 363 | Tue, Dec 29, 2015 | Easy

			8		1			
						1	2	5
		3		6		7		
7					3		1	
		2				5		8
9			7					
	9	5		7		3		
	6		4					
	8			9				

No: 364 | Wed, Dec 30, 2015 | Nasty

6	5					9		
			4	1				
			8					
			5			3	4	
7	6							
9								
				3	9			
	4						8	
								7

No: 365 | Thu, Dec 31, 2015 | X-Deadly

6				7			1	
	9		8					5
3		8					7	
			9			4		
			5					
				3		8		
1						2		
								9

The Must Have

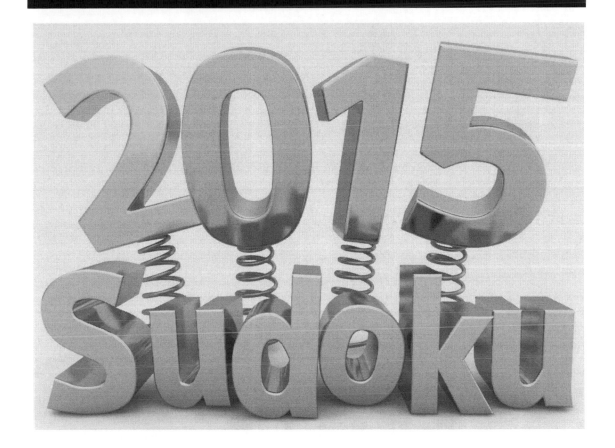

2015 Sudoku

Puzzle Book

SOLUTIONS

1

```
7 3 2 9 5 4 6 1 8
8 5 4 1 7 6 3 9 2
1 9 6 3 2 8 4 5 7
5 1 8 4 3 2 9 7 6
6 7 3 5 8 9 1 2 4
2 4 9 7 6 1 5 8 3
4 2 1 8 9 3 7 6 5
3 6 5 2 1 7 8 4 9
9 8 7 6 4 5 2 3 1
```

2

```
8 5 7 2 6 9 4 1 3
9 4 2 5 3 1 8 7 6
3 1 6 7 4 8 5 2 9
2 9 1 6 5 4 3 8 7
4 7 8 1 9 3 6 5 2
6 3 5 8 2 7 9 4 1
1 8 4 3 7 6 2 9 5
5 6 9 4 1 2 7 3 8
7 2 3 9 8 5 1 6 4
```

3

```
9 5 7 8 4 2 3 6 1
4 8 6 7 1 3 9 2 5
1 3 2 9 6 5 8 7 4
3 6 4 5 9 7 1 8 2
2 7 5 1 8 6 4 9 3
8 9 1 2 3 4 7 5 6
7 1 3 6 2 9 5 4 8
6 4 9 3 5 8 2 1 7
5 2 8 4 7 1 6 3 9
```

4

```
2 8 4 9 6 5 3 7 1
5 9 3 7 1 8 2 6 4
6 1 7 4 3 2 9 8 5
8 3 2 6 5 4 1 9 7
9 5 1 3 8 7 4 2 6
4 7 6 1 2 9 5 3 8
1 2 9 5 7 6 8 4 3
7 4 5 8 9 3 6 1 2
3 6 8 2 4 1 7 5 9
```

5

```
2 9 8 3 7 4 6 5 1
3 7 1 9 5 6 8 2 4
6 5 4 8 2 1 9 7 3
9 1 3 6 8 2 5 4 7
5 8 2 4 3 7 1 9 6
7 4 6 5 1 9 2 3 8
4 6 5 7 9 8 3 1 2
8 2 9 1 4 3 7 6 5
1 3 7 2 6 5 4 8 9
```

6

```
8 6 3 7 2 5 4 9 1
7 2 5 1 9 4 3 8 6
9 4 1 3 6 8 2 5 7
1 8 6 5 7 3 9 2 4
5 3 2 4 1 9 6 7 8
4 9 7 6 8 2 5 1 3
6 5 9 8 4 7 1 3 2
3 7 4 2 5 1 8 6 9
2 1 8 9 3 6 7 4 5
```

7

```
5 3 4 1 8 2 7 6 9
8 7 1 5 6 9 2 4 3
6 9 2 7 4 3 5 1 8
9 4 6 8 2 5 3 7 1
7 1 5 6 3 4 8 9 2
3 2 8 9 1 7 4 5 6
2 6 7 3 5 1 9 8 4
4 8 9 2 7 6 1 3 5
1 5 3 4 9 8 6 2 7
```

8

```
9 7 6 2 4 5 8 1 3
3 1 5 9 6 8 4 2 7
4 2 8 7 3 1 5 9 6
7 8 9 4 2 3 6 5 1
2 3 4 1 5 6 7 8 9
5 6 1 8 7 9 3 4 2
6 4 2 5 1 7 9 3 8
1 9 7 3 8 4 2 6 5
8 5 3 6 9 2 1 7 4
```

9

```
9 2 5 7 4 6 1 8 3
1 8 6 2 3 5 9 4 7
3 7 4 9 8 1 6 2 5
5 6 7 8 1 9 2 3 4
2 4 1 5 6 3 7 9 8
8 9 3 4 2 7 5 6 1
4 5 9 6 7 8 3 1 2
7 3 8 1 9 2 4 5 6
6 1 2 3 5 4 8 7 9
```

10

```
2 1 9 5 3 4 8 7 6
5 4 3 6 8 7 9 2 1
7 8 6 2 9 1 3 4 5
3 2 4 9 6 5 1 8 7
6 7 8 4 1 3 5 9 2
1 9 5 7 2 8 6 3 4
9 6 7 8 5 2 4 1 3
4 5 1 3 7 9 2 6 8
8 3 2 1 4 6 7 5 9
```

11

```
4 8 7 5 3 1 2 9 6
9 6 3 8 4 2 1 5 7
1 5 2 7 9 6 3 8 4
5 7 9 6 1 4 8 2 3
8 3 1 2 7 9 4 6 5
2 4 6 3 5 8 7 1 9
3 2 8 4 6 5 9 7 1
7 9 5 1 8 3 6 4 2
6 1 4 9 2 7 5 3 8
```

12

```
3 7 9 2 6 4 8 1 5
4 1 6 5 8 3 7 9 2
8 5 2 9 1 7 4 6 3
2 6 3 8 9 5 1 7 4
7 4 8 1 3 2 6 5 9
5 9 1 7 4 6 2 3 8
1 8 7 3 2 9 5 4 6
6 3 5 4 7 8 9 2 1
9 2 4 6 5 1 3 8 7
```

13

```
1 7 6 2 5 3 9 8 4
2 3 5 4 9 8 6 1 7
8 4 9 7 1 6 3 2 5
5 8 4 3 7 9 2 6 1
7 9 2 1 6 5 8 4 3
6 1 3 8 2 4 5 7 9
3 5 1 6 8 7 4 9 2
9 2 8 5 4 1 7 3 6
4 6 7 9 3 2 1 5 8
```

14

```
6 5 7 2 4 1 8 9 3
8 3 1 9 5 6 7 2 4
2 4 9 3 7 8 5 1 6
5 8 3 6 9 4 1 7 2
1 9 2 8 3 7 4 6 5
4 7 6 5 1 2 3 8 9
9 6 4 1 8 3 2 5 7
7 1 5 4 2 9 6 3 8
3 2 8 7 6 5 9 4 1
```

15

```
2 3 1 8 9 7 4 6 5
6 9 8 5 4 1 7 3 2
4 5 7 2 6 3 1 8 9
5 8 6 7 1 4 9 2 3
9 1 4 3 2 6 8 5 7
3 7 2 9 5 8 6 1 4
7 4 3 1 8 2 5 9 6
1 2 9 6 7 5 3 4 8
8 6 5 4 3 9 2 7 1
```

16

```
2 3 9 6 5 4 7 8 1
6 4 8 1 3 7 5 9 2
1 5 7 9 8 2 6 3 4
9 7 6 2 4 8 3 1 5
4 1 3 5 7 9 2 6 8
8 2 5 3 6 1 4 7 9
3 9 4 8 2 6 1 5 7
5 8 2 7 1 3 9 4 6
7 6 1 4 9 5 8 2 3
```

17

```
6 5 2 1 8 3 4 7 9
7 1 3 9 2 4 5 8 6
9 8 4 6 5 7 1 2 3
2 7 1 4 6 8 3 9 5
4 9 8 3 1 5 7 6 2
3 6 5 7 9 2 8 4 1
8 3 9 2 7 1 6 5 4
5 4 6 8 3 9 2 1 7
1 2 7 5 4 6 9 3 8
```

18

```
1 7 6 4 8 3 9 2 5
2 3 4 9 6 5 1 7 8
9 5 8 2 7 1 3 4 6
8 1 5 3 9 7 2 6 4
6 2 9 5 4 8 7 1 3
3 4 7 1 2 6 5 8 9
4 8 3 7 5 2 6 9 1
5 9 2 6 1 4 8 3 7
7 6 1 8 3 9 4 5 2
```

19

```
4 7 3 5 9 6 2 1 8
5 2 9 8 1 3 4 6 7
1 6 8 7 4 2 9 3 5
8 5 1 9 3 7 6 4 2
2 9 6 1 5 4 7 8 3
7 3 4 2 6 8 5 9 1
3 8 5 4 7 9 1 2 6
6 4 7 3 2 1 8 5 9
9 1 2 6 8 5 3 7 4
```

20

```
4 9 3 7 1 6 2 8 5
2 6 8 3 5 9 7 4 1
1 5 7 8 4 2 3 9 6
5 8 2 4 6 3 1 7 9
3 1 6 9 7 8 4 5 2
7 4 9 1 2 5 8 6 3
9 2 4 5 3 7 6 1 8
6 7 5 2 8 1 9 3 4
8 3 1 6 9 4 5 2 7
```

The Must Have 2015 Sudoku Puzzle Book

21

6	3	7	8	2	4	5	9	1
4	8	2	9	5	1	7	6	3
9	1	5	3	7	6	2	4	8
8	4	3	6	9	2	1	7	5
7	5	6	4	1	3	9	8	2
2	9	1	5	8	7	6	3	4
1	6	8	7	4	5	3	2	9
3	2	9	1	6	8	4	5	7
5	7	4	2	3	9	8	1	6

22

4	9	3	6	8	1	7	2	5
2	6	7	9	4	5	8	1	3
8	5	1	2	7	3	4	9	6
3	8	9	4	5	6	1	7	2
6	7	4	8	1	2	3	5	9
5	1	2	7	3	9	6	4	8
1	2	8	3	9	7	5	6	4
9	4	5	1	6	8	2	3	7
7	3	6	5	2	4	9	8	1

23

7	2	4	1	3	9	8	6	5
5	8	3	2	6	7	4	1	9
1	9	6	5	8	4	3	7	2
6	7	5	8	4	1	9	2	3
2	3	9	6	7	5	1	4	8
8	4	1	3	9	2	6	5	7
4	6	7	9	5	3	2	8	1
3	5	2	4	1	8	7	9	6
9	1	8	7	2	6	5	3	4

24

7	9	3	1	8	5	4	6	2
6	5	8	4	7	2	9	1	3
1	4	2	3	6	9	7	5	8
8	2	1	9	3	6	5	4	7
9	7	4	2	5	1	3	8	6
5	3	6	8	4	7	1	2	9
2	6	5	7	1	3	8	9	4
3	8	9	5	2	4	6	7	1
4	1	7	6	9	8	2	3	5

25

1	6	5	9	4	7	3	8	2
3	2	9	8	6	1	4	7	5
4	7	8	5	3	2	9	6	1
8	3	1	7	9	5	6	2	4
5	4	7	2	8	6	1	3	9
2	9	6	3	1	4	7	5	8
6	8	3	4	5	9	2	1	7
7	5	4	1	2	3	8	9	6
9	1	2	6	7	8	5	4	3

26

5	8	1	6	9	2	7	4	3
9	7	3	4	1	5	2	6	8
4	2	6	3	8	7	9	1	5
1	6	2	7	5	3	4	8	9
3	4	7	9	6	8	1	5	2
8	5	9	2	4	1	6	3	7
2	9	8	1	3	4	5	7	6
6	3	4	5	7	9	8	2	1
7	1	5	8	2	6	3	9	4

27

5	9	3	6	4	7	2	8	1
4	6	1	2	8	9	7	5	3
2	8	7	3	5	1	4	9	6
7	2	6	1	3	8	5	4	9
3	5	8	4	9	2	6	1	7
9	1	4	5	7	6	8	3	2
1	4	9	7	2	5	3	6	8
6	7	5	8	1	3	9	2	4
8	3	2	9	6	4	1	7	5

28

5	8	1	7	9	6	2	4	3
4	2	7	8	5	3	6	1	9
3	9	6	4	2	1	5	7	8
2	7	3	5	8	4	1	9	6
6	5	9	3	1	2	4	8	7
1	4	8	6	7	9	3	5	2
8	3	5	2	4	7	9	6	1
9	6	4	1	3	8	7	2	5
7	1	2	9	6	5	8	3	4

29

2	9	1	7	5	6	8	3	4
8	4	7	9	3	1	6	2	5
3	6	5	2	8	4	9	1	7
6	8	2	4	7	9	1	5	3
4	1	3	5	6	8	2	7	9
5	7	9	3	1	2	4	8	6
9	5	8	6	2	7	3	4	1
7	2	6	1	4	3	5	9	8
1	3	4	8	9	5	7	6	2

30

8	1	4	9	2	7	5	6	3
7	9	2	6	3	5	4	1	8
6	3	5	8	1	4	7	9	2
2	7	3	5	9	1	8	4	6
1	5	6	4	8	2	9	3	7
4	8	9	7	6	3	2	5	1
3	4	8	1	7	9	6	2	5
5	2	7	3	4	6	1	8	9
9	6	1	2	5	8	3	7	4

31

2	7	1	6	5	4	3	8	9
5	4	6	9	8	3	7	1	2
3	8	9	7	2	1	4	5	6
1	5	4	8	9	2	6	3	7
9	3	7	5	1	6	8	2	4
6	2	8	3	4	7	1	9	5
7	1	5	2	6	8	9	4	3
4	6	2	1	3	9	5	7	8
8	9	3	4	7	5	2	6	1

32

7	9	5	3	2	6	1	8	4
2	3	1	8	4	9	5	7	6
6	8	4	1	7	5	2	9	3
4	2	9	6	5	3	7	1	8
1	5	3	2	8	7	4	6	9
8	7	6	4	9	1	3	2	5
3	1	7	5	6	8	9	4	2
9	6	2	7	3	4	8	5	1
5	4	8	9	1	2	6	3	7

33

1	6	3	2	4	9	5	8	7
7	8	4	5	6	3	9	2	1
2	9	5	7	1	8	6	3	4
6	5	2	1	9	7	3	4	8
9	7	1	3	8	4	2	5	6
4	3	8	6	5	2	7	1	9
3	1	9	8	2	6	4	7	5
5	4	7	9	3	1	8	6	2
8	2	6	4	7	5	1	9	3

34

2	1	3	8	9	7	5	6	4
7	5	9	4	6	2	3	8	1
4	8	6	3	5	1	7	9	2
6	3	7	9	1	4	2	5	8
8	2	5	6	7	3	4	1	9
9	4	1	2	8	5	6	7	3
5	7	4	1	3	8	9	2	6
1	9	2	7	4	6	8	3	5
3	6	8	5	2	9	1	4	7

35

6	5	3	9	2	1	7	4	8
7	4	8	3	5	6	2	9	1
2	1	9	8	4	7	5	3	6
3	7	2	6	1	4	9	8	5
1	6	5	7	8	9	3	2	4
8	9	4	2	3	5	6	1	7
9	8	1	5	7	3	4	6	2
5	2	6	4	9	8	1	7	3
4	3	7	1	6	2	8	5	9

36

7	6	8	4	9	1	5	3	2
3	4	2	8	6	5	1	9	7
1	5	9	7	3	2	8	6	4
2	7	4	9	1	8	6	5	3
6	9	5	3	7	4	2	8	1
8	3	1	5	2	6	4	7	9
5	1	7	6	4	9	3	2	8
4	8	3	2	5	7	9	1	6
9	2	6	1	8	3	7	4	5

37

9	1	4	6	5	7	8	3	2
3	8	2	4	1	9	7	6	5
5	6	7	3	2	8	4	1	9
8	2	1	9	7	6	3	5	4
7	5	6	1	3	4	9	2	8
4	9	3	2	8	5	6	7	1
1	4	8	5	6	3	2	9	7
6	7	5	8	9	2	1	4	3
2	3	9	7	4	1	5	8	6

38

6	3	4	2	7	5	1	9	8
9	1	8	4	3	6	2	7	5
2	5	7	8	9	1	4	6	3
5	7	9	1	6	2	8	3	4
1	8	3	9	5	4	6	2	7
4	6	2	7	8	3	9	5	1
3	2	6	5	1	8	7	4	9
8	9	5	6	4	7	3	1	2
7	4	1	3	2	9	5	8	6

39

2	6	7	3	1	9	5	4	8
8	9	1	6	5	4	3	7	2
3	5	4	8	2	7	6	9	1
6	1	3	4	8	2	9	5	7
4	7	9	1	3	5	2	8	6
5	2	8	7	9	6	4	1	3
1	4	2	9	6	8	7	3	5
7	3	5	2	4	1	8	6	9
9	8	6	5	7	3	1	2	4

40

6	8	4	1	3	5	7	9	2
7	3	9	2	4	6	5	8	1
1	5	2	8	7	9	4	6	3
5	2	1	6	8	7	3	4	9
8	4	7	9	1	3	2	5	6
3	9	6	5	2	4	1	7	8
4	1	5	3	9	8	6	2	7
2	7	8	4	6	1	9	3	5
9	6	3	7	5	2	8	1	4

The Must Have 2015 Sudoku Puzzle Book

41

2	1	8	7	5	9	6	4	3
6	7	5	2	3	4	8	1	9
4	9	3	6	1	8	7	2	5
8	6	4	1	7	5	3	9	2
7	5	9	3	8	2	4	6	1
3	2	1	9	4	6	5	7	8
1	4	2	5	6	3	9	8	7
5	8	7	4	9	1	2	3	6
9	3	6	8	2	7	1	5	4

42

9	2	8	4	6	3	7	5	1
7	4	1	5	8	2	6	3	9
6	5	3	7	9	1	2	8	4
1	3	9	6	2	5	4	7	8
4	6	7	1	3	8	9	2	5
5	8	2	9	7	4	3	1	6
3	1	5	2	4	9	8	6	7
2	7	4	8	1	6	5	9	3
8	9	6	3	5	7	1	4	2

43

8	2	9	6	1	3	5	4	7
4	5	7	9	2	8	1	6	3
1	3	6	7	5	4	9	2	8
7	9	3	4	6	5	2	8	1
5	4	8	1	7	2	3	9	6
2	6	1	8	3	9	4	7	5
9	1	5	2	8	6	7	3	4
3	8	2	5	4	7	6	1	9
6	7	4	3	9	1	8	5	2

44

7	3	1	4	6	5	9	2	8
9	2	6	8	7	1	3	5	4
4	5	8	3	2	9	7	1	6
8	1	5	7	3	6	2	4	9
2	4	7	5	9	8	1	6	3
6	9	3	2	1	4	8	7	5
1	8	2	6	4	3	5	9	7
5	7	4	9	8	2	6	3	1
3	6	9	1	5	7	4	8	2

45

7	6	3	9	1	8	5	4	2
5	4	2	7	3	6	1	8	9
8	1	9	2	4	5	6	7	3
2	5	7	1	9	4	8	3	6
6	9	8	3	5	2	7	1	4
4	3	1	8	6	7	9	2	5
1	2	6	4	7	9	3	5	8
9	7	4	5	8	3	2	6	1
3	8	5	6	2	1	4	9	7

46

9	2	4	7	1	6	5	3	8
7	6	1	3	5	8	4	9	2
3	5	8	9	4	2	7	6	1
4	3	9	8	7	5	2	1	6
6	1	5	4	2	3	8	7	9
8	7	2	1	6	9	3	5	4
2	8	6	5	3	1	9	4	7
5	9	7	6	8	4	1	2	3
1	4	3	2	9	7	6	8	5

47

2	9	7	5	4	3	8	1	6
6	1	5	8	9	2	3	4	7
4	8	3	6	7	1	9	2	5
1	4	8	3	5	7	2	6	9
7	6	9	2	8	4	5	3	1
5	3	2	1	6	9	4	7	8
8	2	6	7	3	5	1	9	4
9	7	1	4	2	8	6	5	3
3	5	4	9	1	6	7	8	2

48

8	2	5	9	4	1	3	6	7
1	4	9	6	3	7	5	2	8
6	7	3	5	2	8	4	1	9
7	3	8	4	6	5	1	9	2
9	5	2	7	1	3	6	8	4
4	6	1	2	8	9	7	3	5
2	1	7	8	5	6	9	4	3
3	9	4	1	7	2	8	5	6
5	8	6	3	9	4	2	7	1

49

5	2	9	4	1	3	8	7	6
7	1	8	9	5	6	2	4	3
4	6	3	8	2	7	1	9	5
9	8	4	2	7	5	3	6	1
1	3	2	6	8	4	7	5	9
6	7	5	3	9	1	4	8	2
2	9	7	1	6	8	5	3	4
3	5	6	7	4	2	9	1	8
8	4	1	5	3	9	6	2	7

50

3	4	8	6	7	1	9	5	2
2	7	6	8	5	9	1	4	3
1	9	5	4	2	3	6	8	7
8	6	2	1	9	4	7	3	5
7	1	4	3	8	5	2	6	9
5	3	9	2	6	7	8	1	4
9	8	7	5	4	6	3	2	1
6	5	3	9	1	2	4	7	8
4	2	1	7	3	8	5	9	6

51

9	1	7	4	5	2	6	3	8
5	4	8	9	3	6	1	7	2
3	2	6	7	1	8	5	4	9
7	9	2	1	4	5	8	6	3
1	6	4	3	8	9	2	5	7
8	5	3	2	6	7	9	1	4
6	3	5	8	9	4	7	2	1
4	7	9	6	2	1	3	8	5
2	8	1	5	7	3	4	9	6

52

2	9	1	6	3	5	8	4	7
7	4	5	1	2	8	9	3	6
6	3	8	4	7	9	5	2	1
5	2	3	8	6	7	4	1	9
9	8	4	3	5	1	6	7	2
1	6	7	2	9	4	3	8	5
8	7	6	9	1	3	2	5	4
3	1	2	5	4	6	7	9	8
4	5	9	7	8	2	1	6	3

53

4	7	2	8	5	1	3	6	9
9	5	8	3	6	4	1	7	2
6	3	1	7	2	9	4	8	5
3	4	6	5	9	7	2	1	8
7	8	9	2	1	6	5	3	4
2	1	5	4	8	3	7	9	6
5	9	3	6	7	2	8	4	1
8	6	4	1	3	5	9	2	7
1	2	7	9	4	8	6	5	3

54

7	2	9	3	8	4	6	5	1
8	3	4	1	6	5	9	2	7
1	5	6	2	9	7	8	3	4
5	1	8	4	2	6	3	7	9
4	7	2	9	3	8	1	6	5
6	9	3	5	7	1	4	8	2
9	8	5	6	1	2	7	4	3
2	6	1	7	4	3	5	9	8
3	4	7	8	5	9	2	1	6

55

2	8	1	9	4	6	5	7	3
4	6	7	5	3	2	9	8	1
5	3	9	7	8	1	4	2	6
7	5	8	4	9	3	1	6	2
1	4	3	6	2	7	8	5	9
9	2	6	1	5	8	3	4	7
3	1	5	2	7	4	6	9	8
8	9	2	3	6	5	7	1	4
6	7	4	8	1	9	2	3	5

56

8	3	1	9	7	6	4	5	2
4	6	2	1	5	8	9	3	7
7	5	9	2	3	4	6	1	8
9	4	5	7	1	2	8	6	3
6	1	8	5	4	3	2	7	9
2	7	3	6	8	9	5	4	1
1	8	6	4	2	7	3	9	5
3	9	7	8	6	5	1	2	4
5	2	4	3	9	1	7	8	6

57

7	4	1	9	5	6	2	8	3
6	9	3	1	2	8	7	4	5
2	8	5	4	7	3	6	9	1
8	1	4	5	3	2	9	6	7
9	5	6	8	4	7	3	1	2
3	2	7	6	1	9	4	5	8
5	3	8	2	6	4	1	7	9
4	7	9	3	8	1	5	2	6
1	6	2	7	9	5	8	3	4

58

1	7	3	2	8	9	4	5	6
2	8	9	4	5	6	1	7	3
6	4	5	7	3	1	8	9	2
7	5	1	6	2	4	9	3	8
8	9	6	3	1	5	2	4	7
4	3	2	8	9	7	5	6	1
3	1	4	5	6	2	7	8	9
5	2	8	9	7	3	6	1	4
9	6	7	1	4	8	3	2	5

59

2	6	7	3	5	1	9	8	4
1	4	5	6	8	9	7	3	2
9	8	3	4	2	7	5	1	6
8	7	2	9	4	6	1	5	3
6	5	1	8	7	3	4	2	9
4	3	9	5	1	2	6	7	8
7	1	8	2	9	4	3	6	5
3	2	4	1	6	5	8	9	7
5	9	6	7	3	8	2	4	1

60

6	4	8	9	3	5	2	7	1
5	7	1	2	8	4	3	6	9
2	3	9	6	1	7	5	4	8
3	6	5	8	4	1	9	2	7
1	8	7	3	9	2	4	5	6
9	2	4	7	5	6	1	8	3
7	5	3	1	2	8	6	9	4
4	9	6	5	7	3	8	1	2
8	1	2	4	6	9	7	3	5

61

```
7 2 5 6 3 4 1 9 8
4 9 3 1 2 8 7 5 6
1 6 8 9 5 7 4 3 2
8 4 9 2 1 5 3 6 7
5 7 6 4 9 3 2 8 1
3 1 2 7 8 6 9 4 5
2 5 4 8 7 9 6 1 3
9 8 7 3 6 1 5 2 4
6 3 1 5 4 2 8 7 9
```

62

```
1 3 4 9 5 6 7 2 8
6 2 5 8 7 3 9 4 1
9 8 7 2 1 4 3 5 6
2 1 3 5 4 8 6 7 9
5 6 8 7 3 9 4 1 2
4 7 9 1 6 2 8 3 5
3 9 6 4 2 1 5 8 7
8 5 1 3 9 7 2 6 4
7 4 2 6 8 5 1 9 3
```

63

```
9 1 6 3 7 8 5 2 4
8 3 5 4 2 9 6 7 1
4 7 2 5 1 6 3 9 8
5 8 7 2 6 3 4 1 9
6 2 1 8 9 4 7 5 3
3 4 9 7 5 1 8 6 2
1 5 8 6 4 2 9 3 7
7 9 3 1 8 5 2 4 6
2 6 4 9 3 7 1 8 5
```

64

```
2 5 1 6 7 3 8 9 4
8 7 4 2 5 9 1 3 6
6 3 9 4 8 1 2 5 7
1 4 6 3 9 8 5 7 2
3 9 8 5 2 7 4 6 1
7 2 5 1 6 4 3 8 9
5 8 2 9 1 6 7 4 3
4 6 7 8 3 2 9 1 5
9 1 3 7 4 5 6 2 8
```

65

```
4 5 2 9 6 1 3 7 8
6 8 9 7 5 3 1 2 4
3 1 7 2 4 8 5 6 9
8 3 6 1 2 4 7 9 5
2 9 1 8 7 5 6 4 3
7 4 5 3 9 6 2 8 1
5 7 3 6 8 9 4 1 2
1 2 8 4 3 7 9 5 6
9 6 4 5 1 2 8 3 7
```

66

```
2 9 5 1 7 8 6 4 3
4 1 3 6 5 2 7 8 9
8 6 7 9 4 3 5 2 1
1 5 8 4 6 7 3 9 2
9 7 4 2 3 1 8 6 5
6 3 2 8 9 5 4 1 7
5 4 1 7 2 6 9 3 8
7 2 6 3 8 9 1 5 4
3 8 9 5 1 4 2 7 6
```

67

```
8 2 4 3 9 6 1 7 5
9 7 5 8 1 2 6 3 4
6 3 1 7 4 5 8 9 2
1 6 8 9 2 3 5 4 7
7 4 3 1 5 8 9 2 6
5 9 2 4 6 7 3 8 1
4 5 9 2 3 1 7 6 8
3 8 6 5 7 4 2 1 9
2 1 7 6 8 9 4 5 3
```

68

```
6 4 5 1 3 2 7 9 8
1 3 8 9 5 7 6 2 4
9 2 7 6 8 4 3 5 1
8 5 9 2 4 6 1 7 3
2 1 3 8 7 9 4 6 5
7 6 4 3 1 5 9 8 2
3 8 6 7 2 1 5 4 9
5 9 1 4 6 8 2 3 7
4 7 2 5 9 3 8 1 6
```

69

```
9 5 2 8 4 1 3 7 6
7 8 4 9 6 3 2 1 5
1 3 6 7 5 2 9 8 4
6 1 3 2 9 4 7 5 8
8 4 9 1 7 5 6 3 2
5 2 7 3 8 6 4 9 1
2 6 8 5 3 7 1 4 9
4 7 5 6 1 9 8 2 3
3 9 1 4 2 8 5 6 7
```

70

```
3 5 9 2 1 8 7 4 6
4 6 8 5 7 3 9 2 1
1 7 2 6 4 9 5 3 8
9 3 6 4 8 7 1 5 2
2 8 5 1 9 6 4 7 3
7 1 4 3 2 5 8 6 9
6 2 1 8 5 4 3 9 7
8 4 7 9 3 2 6 1 5
5 9 3 7 6 1 2 8 4
```

71

```
5 6 3 9 2 4 1 8 7
7 4 1 3 6 8 9 5 2
9 8 2 7 5 1 6 3 4
4 2 9 5 1 6 8 7 3
8 1 5 2 7 3 4 9 6
6 3 7 8 4 9 2 1 5
2 5 8 6 9 7 3 4 1
3 7 4 1 8 2 5 6 9
1 9 6 4 3 5 7 2 8
```

72

```
3 2 9 4 7 6 1 8 5
4 6 5 8 1 9 2 3 7
8 7 1 3 5 2 6 4 9
2 3 4 9 6 1 7 5 8
7 9 6 5 3 8 4 2 1
5 1 8 2 4 7 9 6 3
1 5 2 7 8 4 3 9 6
9 8 7 6 2 3 5 1 4
6 4 3 1 9 5 8 7 2
```

73

```
6 7 1 5 4 3 2 8 9
9 2 3 8 1 6 7 4 5
5 8 4 7 2 9 3 6 1
2 5 7 9 3 4 8 1 6
3 4 8 6 7 1 5 9 2
1 6 9 2 8 5 4 7 3
7 1 6 4 5 2 9 3 8
4 9 2 3 6 8 1 5 7
8 3 5 1 9 7 6 2 4
```

74

```
9 6 8 4 1 3 2 7 5
7 4 2 5 6 8 3 1 9
1 5 3 9 7 2 6 4 8
6 2 7 8 4 1 9 5 3
4 8 9 3 5 7 1 2 6
5 3 1 2 9 6 7 8 4
8 1 6 7 3 5 4 9 2
3 9 5 1 2 4 8 6 7
2 7 4 6 8 9 5 3 1
```

75

```
2 4 1 5 6 7 3 9 8
8 5 3 2 1 9 6 7 4
6 9 7 8 3 4 5 1 2
3 8 2 1 5 6 7 4 9
1 7 5 9 4 2 8 3 6
4 6 9 7 8 3 2 5 1
9 1 8 6 7 5 4 2 3
7 2 4 3 9 8 1 6 5
5 3 6 4 2 1 9 8 7
```

76

```
9 3 6 2 8 5 4 7 1
4 1 7 3 6 9 5 2 8
8 5 2 7 1 4 9 3 6
6 2 3 5 9 8 1 4 7
5 7 9 4 2 1 6 8 3
1 8 4 6 7 3 2 9 5
2 6 5 8 4 7 3 1 9
7 4 1 9 3 6 8 5 2
3 9 8 1 5 2 7 6 4
```

77

```
7 9 3 1 4 5 8 2 6
6 1 4 9 2 8 7 3 5
5 8 2 7 3 6 1 4 9
1 6 9 2 7 3 5 8 4
3 4 5 6 8 1 2 9 7
8 2 7 4 5 9 3 6 1
9 7 8 5 6 2 4 1 3
2 5 6 3 1 4 9 7 8
4 3 1 8 9 7 6 5 2
```

78

```
7 9 8 4 5 6 3 1 2
6 4 3 1 7 2 8 9 5
1 2 5 9 8 3 4 7 6
2 6 7 5 3 8 1 4 9
3 1 4 6 9 7 2 5 8
5 8 9 2 4 1 7 6 3
8 5 1 7 2 9 6 3 4
9 7 2 3 6 4 5 8 1
4 3 6 8 1 5 9 2 7
```

79

```
5 2 6 1 7 4 8 3 9
8 4 1 3 2 9 7 5 6
3 9 7 6 8 5 2 4 1
4 1 8 7 9 3 5 6 2
7 6 9 2 5 1 4 8 3
2 5 3 8 4 6 1 9 7
9 3 2 5 1 8 6 7 4
6 7 5 4 3 2 9 1 8
1 8 4 9 6 7 3 2 5
```

80

```
5 2 7 1 3 9 4 6 8
8 6 1 7 2 4 9 3 5
4 9 3 6 8 5 1 2 7
7 8 4 5 6 2 3 1 9
6 5 9 3 4 1 8 7 2
3 1 2 8 9 7 5 4 6
9 3 6 4 7 8 2 5 1
1 7 8 2 5 3 6 9 4
2 4 5 9 1 6 7 8 3
```

81

5	7	1	6	9	2	3	8	4
8	6	3	4	1	7	9	5	2
2	9	4	8	5	3	1	7	6
1	3	8	7	2	5	6	4	9
4	2	7	1	6	9	5	3	8
6	5	9	3	8	4	7	2	1
9	4	2	5	7	6	8	1	3
3	1	5	9	4	8	2	6	7
7	8	6	2	3	1	4	9	5

82

7	1	2	8	3	6	9	4	5
5	8	3	9	2	4	6	1	7
9	6	4	1	7	5	2	8	3
8	9	7	3	1	2	5	6	4
4	5	1	6	8	7	3	2	9
2	3	6	4	5	9	8	7	1
6	7	9	5	4	8	1	3	2
1	4	8	2	9	3	7	5	6
3	2	5	7	6	1	4	9	8

83

7	3	8	6	1	2	4	9	5
6	1	2	9	5	4	8	7	3
5	9	4	8	7	3	6	1	2
3	8	6	2	9	1	5	4	7
4	2	9	7	6	5	3	8	1
1	5	7	3	4	8	2	6	9
9	4	5	1	2	6	7	3	8
2	7	3	4	8	9	1	5	6
8	6	1	5	3	7	9	2	4

84

2	9	1	5	4	6	7	8	3
8	6	4	2	3	7	5	1	9
7	3	5	8	9	1	6	2	4
5	1	9	7	8	3	4	6	2
3	4	2	6	5	9	8	7	1
6	8	7	4	1	2	3	9	5
9	7	3	1	6	4	2	5	8
4	2	8	9	7	5	1	3	6
1	5	6	3	2	8	9	4	7

85

1	4	6	2	5	7	3	9	8
3	9	8	6	4	1	7	5	2
2	5	7	3	9	8	6	4	1
9	7	3	8	6	2	5	1	4
8	1	5	4	7	3	2	6	9
6	2	4	9	1	5	8	7	3
5	8	1	7	2	9	4	3	6
7	6	2	1	3	4	9	8	5
4	3	9	5	8	6	1	2	7

86

5	3	1	4	6	9	7	2	8
8	6	2	5	1	7	3	4	9
7	4	9	2	8	3	6	1	5
1	8	3	6	5	2	9	7	4
2	9	7	1	3	4	5	8	6
4	5	6	7	9	8	1	3	2
3	1	8	9	4	5	2	6	7
6	7	5	8	2	1	4	9	3
9	2	4	3	7	6	8	5	1

87

8	5	4	7	2	6	9	3	1
1	6	7	9	3	4	8	2	5
3	2	9	5	1	8	6	7	4
5	3	6	8	4	7	1	9	2
9	4	8	1	6	2	3	5	7
7	1	2	3	9	5	4	6	8
6	7	3	4	5	1	2	8	9
2	8	1	6	7	9	5	4	3
4	9	5	2	8	3	7	1	6

88

2	9	4	1	8	6	3	7	5
6	1	3	9	7	5	4	2	8
5	8	7	3	4	2	1	6	9
1	2	5	8	9	3	6	4	7
8	3	9	4	6	7	5	1	2
4	7	6	2	5	1	8	9	3
9	5	1	7	3	4	2	8	6
7	6	2	5	1	8	9	3	4
3	4	8	6	2	9	7	5	1

89

2	1	3	9	5	4	6	8	7
8	7	9	1	3	6	5	2	4
6	5	4	7	8	2	9	1	3
9	2	1	6	7	3	4	5	8
5	3	6	4	1	8	7	9	2
4	8	7	2	9	5	3	6	1
1	6	5	8	4	7	2	3	9
7	9	2	3	6	1	8	4	5
3	4	8	5	2	9	1	7	6

90

7	9	6	2	5	8	4	1	3
1	5	8	7	4	3	9	2	6
2	4	3	9	1	6	8	5	7
3	6	2	5	8	9	1	7	4
4	8	7	3	6	1	5	9	2
9	1	5	4	7	2	6	3	8
8	7	9	1	2	4	3	6	5
5	3	4	6	9	7	2	8	1
6	2	1	8	3	5	7	4	9

91

7	1	3	2	8	9	5	6	4
5	2	8	7	6	4	9	3	1
6	4	9	5	3	1	2	8	7
3	8	4	1	2	7	6	9	5
2	6	1	8	9	5	7	4	3
9	7	5	6	4	3	1	2	8
1	3	2	4	5	6	8	7	9
8	9	7	3	1	2	4	5	6
4	5	6	9	7	8	3	1	2

92

3	9	7	4	1	5	8	2	6
6	5	1	9	2	8	3	7	4
8	2	4	6	7	3	5	9	1
4	7	8	5	3	6	2	1	9
5	6	9	1	4	2	7	8	3
1	3	2	7	8	9	6	4	5
7	4	3	8	6	1	9	5	2
9	8	6	2	5	4	1	3	7
2	1	5	3	9	7	4	6	8

93

8	7	1	9	6	2	3	5	4
9	5	3	4	1	8	2	6	7
4	2	6	7	3	5	1	9	8
3	4	5	8	9	6	7	2	1
1	8	2	5	7	4	6	3	9
7	6	9	3	2	1	4	8	5
5	9	7	2	4	3	8	1	6
6	3	8	1	5	7	9	4	2
2	1	4	6	8	9	5	7	3

94

1	2	6	7	3	5	4	8	9
8	5	7	9	6	4	3	1	2
9	3	4	2	8	1	5	6	7
4	1	3	8	7	9	2	5	6
7	8	5	4	2	6	1	9	3
6	9	2	5	1	3	8	7	4
2	7	9	3	5	8	6	4	1
5	4	1	6	9	2	7	3	8
3	6	8	1	4	7	9	2	5

95

3	7	8	4	2	5	1	6	9
9	4	2	7	6	1	8	3	5
6	1	5	3	8	9	4	2	7
8	2	3	5	9	4	6	7	1
5	9	1	2	7	6	3	8	4
4	6	7	8	1	3	9	5	2
7	8	9	1	3	2	5	4	6
1	3	4	6	5	7	2	9	8
2	5	6	9	4	8	7	1	3

96

9	8	3	4	1	7	6	2	5
2	6	1	3	5	8	9	7	4
4	7	5	2	9	6	8	3	1
6	5	2	1	8	4	3	9	7
3	4	7	9	6	5	2	1	8
1	9	8	7	3	2	4	5	6
5	1	4	6	2	9	7	8	3
7	3	9	8	4	1	5	6	2
8	2	6	5	7	3	1	4	9

97

5	3	6	8	2	4	1	9	7
7	8	4	3	1	9	6	5	2
1	9	2	6	5	7	8	3	4
9	5	7	1	8	3	4	2	6
3	2	1	4	6	5	9	7	8
6	4	8	7	9	2	5	1	3
4	1	9	2	3	6	7	8	5
8	6	3	5	7	1	2	4	9
2	7	5	9	4	8	3	6	1

98

4	8	2	7	9	1	5	6	3
7	3	5	8	4	6	2	9	1
6	9	1	2	3	5	7	8	4
9	5	4	1	8	3	6	2	7
2	7	6	9	5	4	3	1	8
3	1	8	6	2	7	4	5	9
8	6	3	4	1	2	9	7	5
1	4	7	5	6	9	8	3	2
5	2	9	3	7	8	1	4	6

99

4	8	6	9	1	5	3	7	2
3	7	9	2	6	4	8	1	5
5	1	2	3	7	8	9	4	6
8	2	1	4	3	6	7	5	9
6	4	3	7	5	9	2	8	1
9	5	7	1	8	2	6	3	4
2	3	5	6	4	7	1	9	8
1	9	8	5	2	3	4	6	7
7	6	4	8	9	1	5	2	3

100

4	1	9	8	6	7	3	5	2
2	3	7	5	1	4	8	9	6
8	6	5	2	9	3	4	7	1
1	4	2	7	3	8	9	6	5
3	9	8	1	5	6	7	2	4
5	7	6	4	2	9	1	3	8
7	5	4	9	8	2	6	1	3
6	8	1	3	7	5	2	4	9
9	2	3	6	4	1	5	8	7

101

2	1	6	3	8	7	9	4	5
3	4	5	1	2	9	7	8	6
9	7	8	4	6	5	1	2	3
1	8	9	7	3	6	2	5	4
7	5	2	8	9	4	6	3	1
4	6	3	5	1	2	8	7	9
6	9	4	2	5	8	3	1	7
8	3	7	9	4	1	5	6	2
5	2	1	6	7	3	4	9	8

102

8	1	9	3	4	2	6	5	7
6	5	3	7	8	9	1	4	2
4	7	2	1	5	6	3	8	9
9	4	5	2	6	1	7	3	8
7	8	6	5	3	4	9	2	1
3	2	1	8	9	7	5	6	4
2	9	4	6	7	5	8	1	3
5	3	7	4	1	8	2	9	6
1	6	8	9	2	3	4	7	5

103

2	7	9	6	5	8	3	4	1
1	3	8	7	9	4	6	5	2
4	6	5	1	3	2	9	8	7
7	1	3	8	2	6	4	9	5
5	8	4	3	1	9	7	2	6
6	9	2	5	4	7	1	3	8
3	5	7	9	8	1	2	6	4
9	2	6	4	7	5	8	1	3
8	4	1	2	6	3	5	7	9

104

1	6	5	7	8	2	4	9	3
3	8	9	1	5	4	6	7	2
2	4	7	3	6	9	1	8	5
7	5	3	9	4	1	8	2	6
6	9	2	8	7	3	5	4	1
8	1	4	5	2	6	9	3	7
5	2	1	4	9	7	3	6	8
9	7	8	6	3	5	2	1	4
4	3	6	2	1	8	7	5	9

105

3	8	1	2	6	4	5	7	9
6	5	4	7	9	8	1	2	3
7	9	2	1	5	3	6	8	4
9	1	7	5	4	6	2	3	8
2	6	3	9	8	1	7	4	5
8	4	5	3	7	2	9	1	6
5	2	9	4	3	7	8	6	1
4	7	8	6	1	5	3	9	2
1	3	6	8	2	9	4	5	7

106

3	8	9	6	1	4	5	2	7
5	1	7	2	8	9	6	3	4
2	4	6	7	5	3	8	1	9
7	6	5	9	3	1	2	4	8
9	3	1	4	2	8	7	6	5
8	2	4	5	6	7	3	9	1
6	5	8	1	9	2	4	7	3
4	9	3	8	7	6	1	5	2
1	7	2	3	4	5	9	8	6

107

4	1	6	8	5	3	9	7	2
3	7	8	9	2	1	4	6	5
5	9	2	6	7	4	1	3	8
7	2	3	5	9	8	6	4	1
6	5	4	3	1	2	8	9	7
9	8	1	4	6	7	2	5	3
8	3	5	1	4	6	7	2	9
1	4	7	2	3	9	5	8	6
2	6	9	7	8	5	3	1	4

108

9	7	4	6	8	5	1	2	3
3	1	5	2	7	9	4	6	8
8	6	2	1	4	3	9	7	5
5	2	6	8	9	4	7	3	1
4	3	9	7	1	6	5	8	2
7	8	1	3	5	2	6	9	4
2	9	7	4	3	1	8	5	6
1	5	3	9	6	8	2	4	7
6	4	8	5	2	7	3	1	9

109

7	6	4	8	5	1	3	9	2
3	5	2	6	9	4	7	1	8
9	1	8	7	3	2	4	6	5
5	7	6	9	2	3	1	8	4
1	8	3	4	6	7	5	2	9
2	4	9	1	8	5	6	7	3
6	2	5	3	1	9	8	4	7
8	9	7	5	4	6	2	3	1
4	3	1	2	7	8	9	5	6

110

3	1	5	9	2	7	6	8	4
6	4	2	1	8	3	9	7	5
9	7	8	4	5	6	3	2	1
7	5	9	8	3	1	2	4	6
1	8	6	2	4	5	7	9	3
4	2	3	6	7	9	1	5	8
8	3	1	7	9	4	5	6	2
5	9	4	3	6	2	8	1	7
2	6	7	5	1	8	4	3	9

111

4	6	9	7	8	2	3	5	1
3	1	2	4	6	5	9	8	7
8	7	5	1	9	3	2	4	6
7	8	6	5	2	1	4	9	3
9	2	3	8	7	4	6	1	5
5	4	1	6	3	9	7	2	8
1	3	4	9	5	7	8	6	2
6	9	7	2	1	8	5	3	4
2	5	8	3	4	6	1	7	9

112

8	1	2	4	9	7	5	6	3
9	3	7	8	5	6	1	4	2
5	4	6	3	1	2	8	7	9
4	5	3	6	2	9	7	1	8
6	8	1	7	3	5	2	9	4
2	7	9	1	8	4	3	5	6
7	9	8	5	4	3	6	2	1
1	2	5	9	6	8	4	3	7
3	6	4	2	7	1	9	8	5

113

9	7	8	3	1	2	5	6	4
5	1	6	4	9	8	2	7	3
2	4	3	7	6	5	8	9	1
3	8	1	5	7	6	4	2	9
6	5	7	2	4	9	1	3	8
4	2	9	8	3	1	7	5	6
1	3	2	6	8	7	9	4	5
7	9	4	1	5	3	6	8	2
8	6	5	9	2	4	3	1	7

114

5	6	3	4	7	9	2	8	1
8	9	2	1	6	5	7	3	4
7	1	4	2	8	3	6	9	5
2	3	1	6	5	4	8	7	9
6	4	8	7	9	2	5	1	3
9	5	7	8	3	1	4	6	2
3	7	9	5	2	6	1	4	8
1	2	6	9	4	8	3	5	7
4	8	5	3	1	7	9	2	6

115

9	1	8	7	6	4	5	3	2
6	4	2	5	8	3	7	9	1
7	3	5	9	2	1	8	6	4
2	7	4	6	1	5	3	8	9
1	6	3	8	9	2	4	5	7
5	8	9	3	4	7	1	2	6
8	9	7	4	5	6	2	1	3
4	5	1	2	3	9	6	7	8
3	2	6	1	7	8	9	4	5

116

7	8	9	1	2	3	5	6	4
1	6	2	9	5	4	3	7	8
4	5	3	8	6	7	2	9	1
9	3	5	4	1	2	6	8	7
8	4	7	6	3	9	1	2	5
2	1	6	7	8	5	9	4	3
5	2	8	3	4	6	7	1	9
3	7	4	2	9	1	8	5	6
6	9	1	5	7	8	4	3	2

117

7	4	8	6	5	3	9	2	1
9	1	3	4	8	2	5	6	7
2	5	6	7	1	9	3	4	8
8	6	9	3	2	7	4	1	5
1	3	2	5	6	4	8	7	9
4	7	5	8	9	1	2	3	6
6	2	7	9	3	5	1	8	4
5	8	1	2	4	6	7	9	3
3	9	4	1	7	8	6	5	2

118

6	8	1	5	7	2	3	9	4
4	2	3	6	1	9	7	5	8
9	5	7	3	4	8	1	6	2
8	9	5	7	2	3	4	1	6
7	3	6	4	8	1	5	2	9
2	1	4	9	6	5	8	3	7
5	7	2	8	3	6	9	4	1
3	6	8	1	9	4	2	7	5
1	4	9	2	5	7	6	8	3

119

8	3	5	4	9	6	1	7	2
6	9	2	7	5	1	3	4	8
7	1	4	8	3	2	9	5	6
4	7	6	5	1	3	2	8	9
3	2	1	9	7	8	5	6	4
5	8	9	6	2	4	7	3	1
9	6	3	1	8	5	4	2	7
2	4	7	3	6	9	8	1	5
1	5	8	2	4	7	6	9	3

120

6	4	1	5	7	9	8	3	2
2	5	3	4	6	8	9	1	7
9	8	7	1	2	3	5	4	6
7	9	6	8	3	4	1	2	5
8	3	2	7	1	5	6	9	4
5	1	4	6	9	2	7	8	3
1	2	5	9	4	7	3	6	8
4	6	8	3	5	1	2	7	9
3	7	9	2	8	6	4	5	1

121

5	9	6	3	4	8	1	2	7
7	8	1	5	2	6	3	4	9
2	3	4	7	1	9	8	6	5
4	2	5	8	3	1	9	7	6
9	7	8	6	5	4	2	3	1
6	1	3	2	9	7	4	5	8
1	4	2	9	6	5	7	8	3
3	5	7	1	8	2	6	9	4
8	6	9	4	7	3	5	1	2

122

2	1	8	4	9	7	6	3	5
9	5	6	1	3	2	8	7	4
7	3	4	5	8	6	1	2	9
5	4	2	6	1	8	7	9	3
6	7	3	9	5	4	2	1	8
8	9	1	2	7	3	5	4	6
3	2	7	8	6	9	4	5	1
1	8	9	7	4	5	3	6	2
4	6	5	3	2	1	9	8	7

123

5	9	8	4	3	6	7	1	2
6	2	3	8	1	7	5	9	4
4	7	1	5	9	2	6	8	3
7	8	5	2	6	4	1	3	9
9	6	4	1	5	3	8	2	7
1	3	2	7	8	9	4	5	6
8	4	9	6	2	1	3	7	5
2	5	7	3	4	8	9	6	1
3	1	6	9	7	5	2	4	8

124

8	5	4	9	7	6	2	1	3
9	1	7	2	4	3	8	6	5
3	6	2	5	8	1	7	4	9
2	9	6	3	1	7	5	8	4
4	7	1	6	5	8	3	9	2
5	3	8	4	2	9	1	7	6
7	4	3	1	9	5	6	2	8
6	8	9	7	3	2	4	5	1
1	2	5	8	6	4	9	3	7

125

5	4	6	1	2	3	9	7	8
8	1	3	7	6	9	4	2	5
9	7	2	8	5	4	3	1	6
3	8	7	9	4	1	5	6	2
6	2	9	5	3	8	1	4	7
4	5	1	6	7	2	8	3	9
2	9	5	4	1	6	7	8	3
1	6	8	3	9	7	2	5	4
7	3	4	2	8	5	6	9	1

126

4	2	8	9	5	7	1	6	3
9	3	6	2	8	1	5	4	7
1	5	7	4	3	6	2	9	8
2	6	4	8	1	3	9	7	5
5	7	3	6	2	9	4	8	1
8	1	9	7	4	5	6	3	2
7	9	5	3	6	2	8	1	4
6	8	1	5	7	4	3	2	9
3	4	2	1	9	8	7	5	6

127

4	6	2	7	1	5	8	9	3
9	3	7	6	2	8	1	5	4
1	8	5	9	4	3	7	6	2
5	4	6	1	9	2	3	8	7
2	1	3	8	5	7	6	4	9
8	7	9	3	6	4	5	2	1
3	2	8	5	7	9	4	1	6
6	5	4	2	3	1	9	7	8
7	9	1	4	8	6	2	3	5

128

6	3	1	5	4	7	2	8	9
5	4	2	9	6	8	1	3	7
8	9	7	2	1	3	4	6	5
4	2	5	1	3	9	6	7	8
1	8	9	6	7	5	3	4	2
7	6	3	4	8	2	5	9	1
9	1	6	7	5	4	8	2	3
3	7	4	8	2	1	9	5	6
2	5	8	3	9	6	7	1	4

129

8	1	2	9	7	6	3	4	5
9	7	6	3	4	5	1	2	8
5	4	3	2	1	8	6	9	7
2	5	1	6	3	9	7	8	4
4	3	7	8	5	1	2	6	9
6	8	9	4	2	7	5	3	1
1	6	4	5	9	3	8	7	2
3	9	5	7	8	2	4	1	6
7	2	8	1	6	4	9	5	3

130

2	4	7	8	3	6	9	5	1
8	5	3	1	4	9	7	2	6
6	9	1	7	2	5	8	4	3
7	8	5	9	6	2	3	1	4
1	6	2	3	8	4	5	9	7
4	3	9	5	7	1	6	8	2
3	1	4	6	5	8	2	7	9
5	2	6	4	9	7	1	3	8
9	7	8	2	1	3	4	6	5

131

5	9	6	8	2	1	3	7	4
3	4	8	7	5	6	1	2	9
7	1	2	3	4	9	5	6	8
9	8	7	4	6	5	2	1	3
6	3	4	1	8	2	9	5	7
2	5	1	9	7	3	8	4	6
8	6	9	5	1	7	4	3	2
1	2	3	6	9	4	7	8	5
4	7	5	2	3	8	6	9	1

132

6	3	4	5	9	7	8	2	1
1	2	5	6	4	8	7	9	3
7	9	8	3	1	2	6	5	4
2	7	1	8	3	6	9	4	5
3	8	6	9	5	4	2	1	7
4	5	9	7	2	1	3	8	6
8	4	3	1	6	9	5	7	2
5	1	7	2	8	3	4	6	9
9	6	2	4	7	5	1	3	8

133

9	8	2	1	4	5	7	6	3
1	6	5	2	7	3	8	4	9
7	4	3	6	8	9	2	5	1
3	1	9	7	5	6	4	8	2
5	2	8	4	3	1	6	9	7
4	7	6	8	9	2	1	3	5
6	5	7	3	1	8	9	2	4
8	3	1	9	2	4	5	7	6
2	9	4	5	6	7	3	1	8

134

2	8	9	4	1	7	5	6	3
6	7	3	8	5	2	9	4	1
1	4	5	3	9	6	2	8	7
8	5	1	9	6	3	7	2	4
3	2	6	5	7	4	1	9	8
4	9	7	1	2	8	6	3	5
9	3	2	7	4	5	8	1	6
5	6	4	2	8	1	3	7	9
7	1	8	6	3	9	4	5	2

135

1	9	3	8	5	4	6	7	2
8	7	6	3	2	1	9	4	5
2	5	4	6	7	9	3	1	8
9	4	5	7	1	8	2	3	6
3	2	1	5	4	6	8	9	7
7	6	8	9	3	2	4	5	1
5	3	9	2	8	7	1	6	4
4	8	7	1	6	3	5	2	9
6	1	2	4	9	5	7	8	3

136

5	7	8	4	2	3	1	6	9
9	1	2	7	6	8	5	4	3
4	6	3	5	9	1	7	8	2
7	8	1	9	5	6	3	2	4
6	5	4	3	1	2	8	9	7
2	3	9	8	4	7	6	5	1
8	4	7	2	3	5	9	1	6
1	2	5	6	7	9	4	3	8
3	9	6	1	8	4	2	7	5

137

6	3	1	9	7	2	8	4	5
8	4	2	1	3	5	6	9	7
9	7	5	4	6	8	1	2	3
5	9	7	8	4	3	2	6	1
2	6	4	5	1	7	9	3	8
3	1	8	2	9	6	5	7	4
1	5	3	7	2	9	4	8	6
7	8	9	6	5	4	3	1	2
4	2	6	3	8	1	7	5	9

138

2	6	5	3	4	8	1	7	9
8	7	4	5	1	9	3	6	2
3	1	9	2	7	6	5	8	4
4	2	6	8	3	1	9	5	7
5	3	1	7	9	2	8	4	6
9	8	7	6	5	4	2	1	3
7	9	8	1	6	3	4	2	5
6	4	2	9	8	5	7	3	1
1	5	3	4	2	7	6	9	8

139

3	5	4	1	7	8	2	9	6
2	8	9	6	3	5	4	7	1
1	7	6	4	9	2	5	3	8
7	2	8	9	6	4	1	5	3
4	3	1	8	5	7	9	6	2
6	9	5	3	2	1	7	8	4
8	6	2	5	1	9	3	4	7
5	1	3	7	4	6	8	2	9
9	4	7	2	8	3	6	1	5

140

2	7	6	9	4	3	1	8	5
3	4	1	6	5	8	7	2	9
8	9	5	1	7	2	4	6	3
7	8	9	4	2	6	5	3	1
5	6	2	3	1	9	8	4	7
1	3	4	5	8	7	2	9	6
4	1	3	8	6	5	9	7	2
9	2	8	7	3	1	6	5	4
6	5	7	2	9	4	3	1	8

141

7	6	1	2	3	8	9	4	5
3	8	9	5	1	4	2	7	6
4	5	2	7	9	6	3	1	8
8	2	4	1	5	9	6	3	7
5	3	7	6	4	2	1	8	9
1	9	6	8	7	3	4	5	2
9	1	8	3	2	7	5	6	4
6	4	5	9	8	1	7	2	3
2	7	3	4	6	5	8	9	1

142

5	1	2	8	7	6	9	4	3
9	7	8	1	4	3	6	2	5
6	3	4	9	2	5	8	1	7
3	2	9	5	6	4	7	8	1
1	4	6	7	9	8	5	3	2
8	5	7	3	1	2	4	9	6
4	8	5	6	3	1	2	7	9
2	9	3	4	5	7	1	6	8
7	6	1	2	8	9	3	5	4

143

8	4	7	6	2	9	1	5	3
5	1	2	3	4	7	6	8	9
9	6	3	8	1	5	7	4	2
4	9	1	5	7	3	2	6	8
2	8	6	4	9	1	3	7	5
7	3	5	2	8	6	9	1	4
1	2	9	7	5	8	4	3	6
6	5	4	1	3	2	8	9	7
3	7	8	9	6	4	5	2	1

144

8	4	2	7	9	5	6	1	3
1	3	5	4	6	8	9	7	2
9	7	6	2	1	3	4	5	8
4	9	3	1	2	6	5	8	7
7	2	1	5	8	4	3	9	6
6	5	8	3	7	9	2	4	1
2	6	4	8	5	1	7	3	9
5	1	9	6	3	7	8	2	4
3	8	7	9	4	2	1	6	5

145

2	8	5	3	6	4	1	9	7
4	1	6	9	7	2	8	5	3
7	3	9	1	5	8	4	6	2
9	2	4	5	3	6	7	1	8
1	6	3	2	8	7	9	4	5
5	7	8	4	9	1	2	3	6
8	9	7	6	4	5	3	2	1
6	4	1	7	2	3	5	8	9
3	5	2	8	1	9	6	7	4

146

2	6	4	7	1	3	8	5	9
5	7	8	4	9	2	1	6	3
1	9	3	6	5	8	2	4	7
6	4	5	8	7	9	3	1	2
9	8	2	3	6	1	5	7	4
7	3	1	2	4	5	9	8	6
8	5	7	9	3	4	6	2	1
4	2	9	1	8	6	7	3	5
3	1	6	5	2	7	4	9	8

147

2	3	4	1	7	5	8	6	9
8	6	1	3	2	9	7	4	5
7	9	5	6	4	8	2	3	1
3	7	9	8	1	6	5	2	4
5	4	8	7	9	2	6	1	3
6	1	2	5	3	4	9	8	7
4	5	7	2	6	3	1	9	8
9	8	6	4	5	1	3	7	2
1	2	3	9	8	7	4	5	6

148

2	5	7	4	9	6	3	8	1
9	4	1	5	8	3	7	6	2
3	8	6	1	2	7	4	5	9
5	3	2	8	6	4	1	9	7
7	9	4	2	5	1	8	3	6
1	6	8	7	3	9	5	2	4
8	1	3	6	4	2	9	7	5
4	2	5	9	7	8	6	1	3
6	7	9	3	1	5	2	4	8

149

8	6	9	1	4	3	7	5	2
3	2	7	8	5	9	4	6	1
5	4	1	7	2	6	9	3	8
2	9	5	4	6	1	8	7	3
4	3	8	2	7	5	1	9	6
7	1	6	9	3	8	5	2	4
9	5	4	6	8	2	3	1	7
1	8	2	3	9	7	6	4	5
6	7	3	5	1	4	2	8	9

150

6	1	2	8	9	7	5	4	3
8	4	3	1	6	5	9	7	2
9	5	7	3	2	4	6	1	8
2	7	1	9	5	3	8	6	4
5	9	6	4	8	2	7	3	1
4	3	8	7	1	6	2	9	5
7	8	9	2	3	1	4	5	6
1	6	4	5	7	8	3	2	9
3	2	5	6	4	9	1	8	7

151

1	3	8	5	9	6	4	7	2
9	2	5	1	4	7	8	6	3
7	6	4	3	8	2	9	1	5
3	1	2	6	5	4	7	9	8
8	5	6	9	7	3	1	2	4
4	7	9	8	2	1	5	3	6
5	4	7	2	6	9	3	8	1
6	9	3	4	1	8	2	5	7
2	8	1	7	3	5	6	4	9

152

7	5	8	1	9	2	4	6	3
1	2	4	6	5	3	7	8	9
6	9	3	8	4	7	5	2	1
5	7	9	2	6	4	3	1	8
3	6	2	7	8	1	9	4	5
4	8	1	5	3	9	6	7	2
8	3	7	4	2	5	1	9	6
2	4	5	9	1	6	8	3	7
9	1	6	3	7	8	2	5	4

153

6	4	9	1	7	5	3	8	2
7	1	5	8	2	3	4	6	9
3	2	8	9	6	4	1	5	7
9	6	1	3	8	7	5	2	4
2	8	7	5	4	1	6	9	3
4	5	3	2	9	6	8	7	1
1	7	4	6	5	9	2	3	8
5	9	2	4	3	8	7	1	6
8	3	6	7	1	2	9	4	5

154

4	8	1	3	9	2	7	6	5
7	9	2	5	6	1	8	3	4
5	3	6	4	8	7	9	1	2
6	7	4	2	1	8	3	5	9
9	2	3	7	4	5	6	8	1
1	5	8	6	3	9	4	2	7
8	4	5	1	7	3	2	9	6
2	6	9	8	5	4	1	7	3
3	1	7	9	2	6	5	4	8

155

2	1	3	9	4	5	7	6	8
8	7	4	6	2	1	3	9	5
9	6	5	3	8	7	2	4	1
4	8	9	5	7	3	6	1	2
6	2	7	8	1	9	5	3	4
3	5	1	2	6	4	8	7	9
1	4	2	7	3	8	9	5	6
7	9	8	4	5	6	1	2	3
5	3	6	1	9	2	4	8	7

156

2	7	8	6	9	1	4	5	3
1	4	9	5	7	3	6	8	2
3	6	5	2	8	4	9	1	7
8	2	4	3	5	9	1	7	6
5	3	7	8	1	6	2	9	4
9	1	6	7	4	2	5	3	8
6	9	2	1	3	8	7	4	5
7	8	1	4	6	5	3	2	9
4	5	3	9	2	7	8	6	1

157

9	5	6	7	1	8	3	4	2
7	4	8	2	9	3	1	6	5
3	2	1	5	4	6	7	8	9
4	6	7	1	8	5	2	9	3
2	1	9	3	6	4	8	5	7
5	8	3	9	7	2	6	1	4
1	9	4	6	3	7	5	2	8
6	7	2	8	5	9	4	3	1
8	3	5	4	2	1	9	7	6

158

4	7	6	9	2	5	1	3	8
5	8	1	6	3	4	7	2	9
2	3	9	1	7	8	5	4	6
3	4	5	8	9	7	2	6	1
6	1	2	5	4	3	8	9	7
7	9	8	2	6	1	3	5	4
1	2	3	4	8	9	6	7	5
9	5	7	3	1	6	4	8	2
8	6	4	7	5	2	9	1	3

159

3	8	5	1	6	2	9	4	7
7	6	4	9	5	3	8	2	1
2	1	9	8	4	7	3	6	5
8	7	3	4	9	6	1	5	2
1	9	2	5	7	8	6	3	4
4	5	6	2	3	1	7	9	8
6	2	1	3	8	4	5	7	9
5	4	7	6	1	9	2	8	3
9	3	8	7	2	5	4	1	6

160

9	1	5	3	8	2	4	6	7
6	3	8	5	7	4	9	1	2
7	2	4	9	1	6	3	8	5
5	9	7	6	3	1	8	2	4
3	8	2	4	9	7	6	5	1
4	6	1	2	5	8	7	3	9
2	4	3	7	6	5	1	9	8
8	5	9	1	4	3	2	7	6
1	7	6	8	2	9	5	4	3

The Must Have 2015 Sudoku Puzzle Book

161

1	6	8	5	3	4	9	7	2
4	2	5	9	7	1	6	3	8
3	9	7	2	8	6	4	1	5
9	5	1	7	4	8	3	2	6
6	8	2	3	1	9	5	4	7
7	3	4	6	5	2	8	9	1
2	1	3	4	6	5	7	8	9
8	4	6	1	9	7	2	5	3
5	7	9	8	2	3	1	6	4

162

5	7	1	4	9	3	6	8	2
2	9	8	5	1	6	3	7	4
3	4	6	8	2	7	9	1	5
9	3	4	7	5	2	1	6	8
7	8	2	6	4	1	5	3	9
6	1	5	3	8	9	2	4	7
1	5	7	2	6	4	8	9	3
8	6	3	9	7	5	4	2	1
4	2	9	1	3	8	7	5	6

163

8	5	6	3	2	9	7	4	1
4	2	7	5	8	1	3	6	9
9	3	1	6	4	7	8	2	5
2	7	5	8	1	3	4	9	6
6	1	8	7	9	4	5	3	2
3	9	4	2	6	5	1	7	8
5	6	3	1	7	2	9	8	4
7	8	9	4	5	6	2	1	3
1	4	2	9	3	8	6	5	7

164

6	9	1	7	5	8	4	3	2
5	8	4	2	3	1	6	9	7
3	7	2	6	4	9	1	8	5
7	1	5	4	2	3	8	6	9
9	6	3	1	8	7	5	2	4
4	2	8	9	6	5	3	7	1
8	4	6	5	9	2	7	1	3
2	5	7	3	1	6	9	4	8
1	3	9	8	7	4	2	5	6

165

3	4	2	9	8	1	5	6	7
9	6	7	4	5	2	3	1	8
8	5	1	6	7	3	2	9	4
6	1	8	5	3	4	7	2	9
2	3	4	1	9	7	6	8	5
5	7	9	8	2	6	1	4	3
7	8	5	2	6	9	4	3	1
1	2	3	7	4	8	9	5	6
4	9	6	3	1	5	8	7	2

166

1	5	7	4	9	6	8	3	2
4	6	8	7	3	2	9	1	5
9	2	3	8	1	5	6	4	7
2	1	6	3	8	7	4	5	9
8	7	9	6	5	4	3	2	1
3	4	5	9	2	1	7	8	6
6	8	2	1	4	9	5	7	3
5	9	4	2	7	3	1	6	8
7	3	1	5	6	8	2	9	4

167

3	8	2	5	9	4	1	6	7
7	9	1	8	6	3	4	2	5
5	4	6	1	7	2	9	3	8
4	5	8	2	3	6	7	9	1
9	2	3	7	8	1	6	5	4
1	6	7	4	5	9	2	8	3
2	3	5	9	1	7	8	4	6
6	1	4	3	2	8	5	7	9
8	7	9	6	4	5	3	1	2

168

6	3	4	8	1	2	5	7	9
1	5	2	9	3	7	6	8	4
7	9	8	5	4	6	3	2	1
4	1	5	6	7	8	9	3	2
2	8	9	3	5	1	7	4	6
3	6	7	2	9	4	1	5	8
8	7	1	4	6	3	2	9	5
9	4	6	7	2	5	8	1	3
5	2	3	1	8	9	4	6	7

169

9	2	7	6	5	4	1	8	3
6	8	1	2	7	3	5	9	4
3	4	5	9	1	8	2	7	6
2	1	4	3	9	5	7	6	8
8	7	3	4	6	2	9	5	1
5	9	6	1	8	7	4	3	2
1	3	9	7	2	6	8	4	5
7	6	8	5	4	1	3	2	9
4	5	2	8	3	9	6	1	7

170

6	4	9	3	2	5	7	1	8
8	7	5	1	4	6	2	9	3
1	3	2	7	8	9	6	4	5
5	9	8	4	3	7	1	6	2
7	1	4	6	5	2	3	8	9
2	6	3	8	9	1	5	7	4
4	5	6	9	1	3	8	2	7
9	2	1	5	7	8	4	3	6
3	8	7	2	6	4	9	5	1

171

9	8	4	5	3	6	1	7	2
2	7	3	1	8	9	4	5	6
6	5	1	2	4	7	3	9	8
1	4	2	6	7	5	9	8	3
7	3	8	9	2	4	5	6	1
5	6	9	3	1	8	7	2	4
3	9	5	8	6	1	2	4	7
4	1	6	7	9	2	8	3	5
8	2	7	4	5	3	6	1	9

172

9	7	4	5	3	1	2	6	8
5	3	2	4	6	8	7	9	1
1	6	8	9	7	2	5	3	4
4	1	6	2	9	3	8	7	5
7	8	3	6	4	5	9	1	2
2	5	9	8	1	7	6	4	3
3	2	1	7	8	9	4	5	6
8	4	7	3	5	6	1	2	9
6	9	5	1	2	4	3	8	7

173

4	5	6	7	8	9	2	3	1
1	7	9	5	3	2	6	8	4
2	8	3	1	4	6	5	9	7
5	1	8	9	6	3	4	7	2
9	4	7	2	5	8	1	6	3
6	3	2	4	1	7	8	5	9
8	9	5	3	2	1	7	4	6
7	6	1	8	9	4	3	2	5
3	2	4	6	7	5	9	1	8

174

8	7	9	3	1	2	4	6	5
5	1	3	9	4	6	8	2	7
2	4	6	5	7	8	1	3	9
6	3	5	8	9	4	2	7	1
4	2	8	7	5	1	3	9	6
1	9	7	2	6	3	5	4	8
3	8	1	6	2	9	7	5	4
7	6	4	1	3	5	9	8	2
9	5	2	4	8	7	6	1	3

175

8	5	9	4	1	3	7	6	2
1	3	6	8	2	7	9	5	4
4	2	7	9	6	5	8	3	1
3	1	8	2	5	9	4	7	6
6	7	5	1	3	4	2	9	8
2	9	4	7	8	6	3	1	5
9	6	2	3	4	1	5	8	7
7	4	1	5	9	8	6	2	3
5	8	3	6	7	2	1	4	9

176

4	6	8	5	9	1	2	3	7
9	7	3	2	4	6	8	1	5
5	1	2	7	8	3	9	6	4
8	4	5	9	6	7	3	2	1
7	2	6	1	3	8	5	4	9
3	9	1	4	2	5	6	7	8
1	5	9	6	7	2	4	8	3
6	3	7	8	5	4	1	9	2
2	8	4	3	1	9	7	5	6

177

1	5	6	9	8	4	3	7	2
7	3	4	2	1	6	5	8	9
9	8	2	3	5	7	6	1	4
2	7	3	6	4	8	1	9	5
4	9	8	5	3	1	7	2	6
6	1	5	7	9	2	8	4	3
8	6	9	4	7	3	2	5	1
3	4	1	8	2	5	9	6	7
5	2	7	1	6	9	4	3	8

178

6	1	9	8	4	3	2	5	7
3	7	4	5	2	1	6	9	8
2	8	5	7	9	6	3	4	1
8	5	7	2	6	4	1	3	9
1	2	3	9	7	8	4	6	5
4	9	6	3	1	5	8	7	2
5	6	8	1	3	9	7	2	4
9	4	2	6	8	7	5	1	3
7	3	1	4	5	2	9	8	6

179

6	9	2	8	4	7	5	1	3
3	1	7	9	5	6	4	2	8
8	4	5	3	2	1	6	9	7
9	2	8	7	6	4	1	3	5
1	7	3	5	9	8	2	4	6
4	5	6	1	3	2	7	8	9
5	8	4	6	1	9	3	7	2
2	3	9	4	7	5	8	6	1
7	6	1	2	8	3	9	5	4

180

9	4	2	8	6	7	3	1	5
6	1	5	9	4	3	7	2	8
3	7	8	1	2	5	4	9	6
5	8	9	4	1	2	6	7	3
1	2	4	3	7	6	5	8	9
7	3	6	5	9	8	1	4	2
2	6	1	7	3	9	8	5	4
8	9	7	6	5	4	2	3	1
4	5	3	2	8	1	9	6	7

181

6	1	9	8	7	2	5	3	4
5	8	3	9	6	4	2	1	7
2	7	4	5	3	1	8	9	6
4	9	8	6	1	3	7	2	5
7	5	6	4	2	9	3	8	1
1	3	2	7	8	5	6	4	9
8	4	1	2	5	6	9	7	3
9	2	5	3	4	7	1	6	8
3	6	7	1	9	8	4	5	2

182

1	8	2	3	5	4	9	7	6
3	9	7	6	2	1	5	4	8
4	5	6	8	9	7	3	1	2
2	6	5	1	8	3	7	9	4
9	7	4	2	6	5	8	3	1
8	1	3	7	4	9	6	2	5
6	3	8	4	7	2	1	5	9
5	2	1	9	3	6	4	8	7
7	4	9	5	1	8	2	6	3

183

6	1	2	5	3	4	7	8	9
4	7	3	9	8	6	1	5	2
5	9	8	1	2	7	4	3	6
8	3	4	6	1	9	2	7	5
7	6	9	8	5	2	3	4	1
1	2	5	4	7	3	9	6	8
2	4	1	3	6	8	5	9	7
9	8	7	2	4	5	6	1	3
3	5	6	7	9	1	8	2	4

184

7	1	3	9	8	5	4	6	2
6	5	2	4	7	1	9	8	3
9	4	8	3	6	2	7	5	1
1	8	9	2	3	6	5	4	7
2	7	4	8	5	9	3	1	6
5	3	6	1	4	7	8	2	9
8	6	5	7	2	3	1	9	4
3	2	1	5	9	4	6	7	8
4	9	7	6	1	8	2	3	5

185

8	6	3	9	7	4	2	1	5
5	2	9	1	8	6	3	7	4
4	7	1	3	5	2	9	8	6
7	3	4	6	1	9	8	5	2
1	5	6	2	3	8	7	4	9
2	9	8	7	4	5	6	3	1
3	8	2	4	6	1	5	9	7
6	4	5	8	9	7	1	2	3
9	1	7	5	2	3	4	6	8

186

3	8	9	6	2	4	7	5	1
4	2	5	7	3	1	6	8	9
7	6	1	8	5	9	4	2	3
5	4	3	1	8	2	9	6	7
2	1	6	3	9	7	5	4	8
9	7	8	4	6	5	3	1	2
1	3	7	5	4	8	2	9	6
6	9	4	2	1	3	8	7	5
8	5	2	9	7	6	1	3	4

187

7	2	9	1	8	3	6	4	5
3	6	5	4	7	2	8	1	9
1	8	4	9	6	5	3	7	2
2	1	7	6	9	4	5	8	3
8	9	3	7	5	1	2	6	4
4	5	6	3	2	8	1	9	7
9	7	8	5	3	6	4	2	1
6	3	1	2	4	7	9	5	8
5	4	2	8	1	9	7	3	6

188

3	6	2	7	5	8	4	1	9
4	7	9	3	6	1	8	5	2
8	5	1	4	9	2	6	7	3
6	9	8	1	4	3	7	2	5
7	3	4	6	2	5	1	9	8
2	1	5	9	8	7	3	4	6
1	2	3	8	7	9	5	6	4
5	4	7	2	3	6	9	8	1
9	8	6	5	1	4	2	3	7

189

6	3	1	7	2	8	4	9	5
2	5	9	6	3	4	8	1	7
4	8	7	5	1	9	6	3	2
9	7	8	4	5	6	3	2	1
5	2	4	1	8	3	7	6	9
3	1	6	2	9	7	5	4	8
8	4	2	3	7	1	9	5	6
7	6	5	9	4	2	1	8	3
1	9	3	8	6	5	2	7	4

190

4	7	6	5	1	9	2	8	3
8	1	3	6	4	2	9	7	5
5	9	2	8	3	7	4	6	1
2	5	1	7	8	4	3	9	6
7	4	9	3	6	1	5	2	8
6	3	8	2	9	5	1	4	7
1	6	7	4	2	3	8	5	9
9	2	5	1	7	8	6	3	4
3	8	4	9	5	6	7	1	2

191

5	2	6	4	9	8	1	3	7
7	8	3	1	5	2	4	9	6
1	4	9	3	7	6	8	5	2
9	5	8	7	1	3	6	2	4
4	6	7	8	2	9	5	1	3
3	1	2	6	4	5	9	7	8
2	3	4	5	6	1	7	8	9
8	7	1	9	3	4	2	6	5
6	9	5	2	8	7	3	4	1

192

2	6	4	7	3	5	9	8	1
8	7	1	9	4	6	5	2	3
5	3	9	2	1	8	6	7	4
9	1	2	8	6	4	7	3	5
4	5	3	1	7	9	8	6	2
6	8	7	5	2	3	4	1	9
7	2	5	6	9	1	3	4	8
3	9	6	4	8	2	1	5	7
1	4	8	3	5	7	2	9	6

193

1	2	3	4	5	6	8	7	9
4	6	5	7	8	9	3	1	2
7	8	9	2	1	3	5	4	6
3	1	2	5	6	7	4	9	8
9	5	4	3	2	8	1	6	7
6	7	8	1	9	4	2	5	3
2	4	6	9	3	5	7	8	1
5	9	1	8	7	2	6	3	4
8	3	7	6	4	1	9	2	5

194

3	2	1	7	9	8	6	5	4
7	8	4	5	2	6	3	9	1
5	6	9	1	4	3	7	2	8
8	3	5	4	1	2	9	6	7
1	9	7	6	3	5	4	8	2
6	4	2	9	8	7	1	3	5
9	1	6	2	5	4	8	7	3
2	7	3	8	6	1	5	4	9
4	5	8	3	7	9	2	1	6

195

8	1	3	6	2	9	5	4	7
2	9	5	7	4	3	8	6	1
6	4	7	5	1	8	2	3	9
7	8	1	2	3	5	6	9	4
5	6	4	8	9	7	1	2	3
9	3	2	4	6	1	7	5	8
4	5	9	1	8	6	3	7	2
3	7	8	9	5	2	4	1	6
1	2	6	3	7	4	9	8	5

196

2	4	7	8	3	1	9	6	5
5	8	6	2	7	9	4	3	1
3	9	1	6	4	5	7	2	8
1	2	4	9	8	3	6	5	7
7	5	9	1	2	6	3	8	4
6	3	8	4	5	7	2	1	9
4	7	3	5	1	2	8	9	6
8	6	5	3	9	4	1	7	2
9	1	2	7	6	8	5	4	3

197

5	3	2	6	9	7	8	4	1
6	4	1	8	5	3	9	2	7
9	8	7	2	4	1	3	6	5
8	5	4	1	6	9	2	7	3
7	2	9	3	8	5	4	1	6
3	1	6	7	2	4	5	9	8
2	9	3	5	1	6	7	8	4
4	6	5	9	7	8	1	3	2
1	7	8	4	3	2	6	5	9

198

6	3	4	7	9	1	8	2	5
5	1	9	2	3	8	4	6	7
2	7	8	6	5	4	3	9	1
4	6	5	1	2	3	9	7	8
3	2	1	8	7	9	6	5	4
9	8	7	4	6	5	1	3	2
8	5	2	9	1	6	7	4	3
7	4	6	3	8	2	5	1	9
1	9	3	5	4	7	2	8	6

199

5	3	4	2	7	6	1	8	9
7	6	2	1	8	9	5	3	4
8	9	1	5	3	4	7	2	6
6	5	7	8	4	2	9	1	3
1	8	3	6	9	7	4	5	2
2	4	9	3	5	1	6	7	8
9	7	8	4	1	3	2	6	5
3	1	6	9	2	5	8	4	7
4	2	5	7	6	8	3	9	1

200

4	6	5	8	7	9	2	1	3
1	2	3	6	4	5	9	7	8
8	7	9	2	1	3	6	4	5
7	1	6	5	8	4	3	9	2
2	5	8	9	3	1	7	6	4
3	9	4	7	2	6	8	5	1
6	4	2	3	5	7	1	8	9
9	8	1	4	6	2	5	3	7
5	3	7	1	9	8	4	2	6

201

6	8	2	4	3	9	5	1	7
9	4	7	1	5	8	6	3	2
5	3	1	2	7	6	4	8	9
7	9	8	5	6	4	1	2	3
1	6	3	9	2	7	8	5	4
2	5	4	3	8	1	9	7	6
4	7	9	8	1	2	3	6	5
3	1	6	7	9	5	2	4	8
8	2	5	6	4	3	7	9	1

202

4	2	3	5	9	1	8	6	7
7	6	9	8	2	4	1	3	5
1	8	5	3	7	6	4	2	9
3	5	2	4	6	8	9	7	1
6	1	4	7	5	9	3	8	2
9	7	8	2	1	3	6	5	4
5	4	6	1	3	2	7	9	8
8	9	7	6	4	5	2	1	3
2	3	1	9	8	7	5	4	6

203

1	4	3	5	6	8	2	7	9
2	5	6	7	4	9	3	8	1
7	8	9	2	1	3	6	5	4
9	3	7	8	2	5	4	1	6
6	1	5	9	3	4	8	2	7
8	2	4	1	7	6	5	9	3
5	6	8	4	9	1	7	3	2
4	7	1	3	5	2	9	6	8
3	9	2	6	8	7	1	4	5

204

3	5	2	4	7	9	8	1	6
6	4	1	5	2	8	7	3	9
8	9	7	3	6	1	5	4	2
2	8	4	1	5	7	9	6	3
1	7	6	9	3	2	4	5	8
5	3	9	8	4	6	2	7	1
4	1	5	2	8	3	6	9	7
9	6	8	7	1	4	3	2	5
7	2	3	6	9	5	1	8	4

205

4	2	9	5	6	7	1	8	3
8	1	6	4	2	3	5	7	9
3	7	5	9	8	1	4	2	6
1	9	4	7	5	8	3	6	2
5	8	2	3	4	6	7	9	1
7	6	3	1	9	2	8	5	4
9	5	7	6	1	4	2	3	8
2	3	1	8	7	9	6	4	5
6	4	8	2	3	5	9	1	7

206

1	9	4	5	2	6	3	7	8
7	2	5	8	1	3	4	9	6
3	6	8	7	4	9	1	2	5
2	3	1	9	8	7	5	6	4
4	5	7	3	6	1	9	8	2
6	8	9	4	5	2	7	3	1
5	7	6	2	3	4	8	1	9
8	1	3	6	9	5	2	4	7
9	4	2	1	7	8	6	5	3

207

6	3	2	5	4	7	8	9	1
7	8	9	1	2	3	5	6	4
1	5	4	6	9	8	7	2	3
5	1	8	3	7	2	6	4	9
4	7	6	9	1	5	3	8	2
9	2	3	8	6	4	1	7	5
2	6	1	7	3	9	4	5	8
3	9	5	4	8	6	2	1	7
8	4	7	2	5	1	9	3	6

208

1	5	8	6	9	4	2	3	7
9	2	7	3	1	8	6	5	4
6	3	4	2	7	5	8	9	1
5	8	1	4	3	2	9	7	6
3	9	2	7	6	1	5	4	8
7	4	6	8	5	9	3	1	2
4	1	5	9	8	6	7	2	3
8	7	9	1	2	3	4	6	5
2	6	3	5	4	7	1	8	9

209

6	4	8	1	7	5	2	9	3
2	3	7	9	6	8	4	5	1
1	9	5	2	3	4	7	8	6
7	2	9	5	8	3	1	6	4
8	5	3	6	4	1	9	2	7
4	1	6	7	2	9	5	3	8
5	6	4	3	9	7	8	1	2
9	7	2	8	1	6	3	4	5
3	8	1	4	5	2	6	7	9

210

4	2	5	7	6	9	1	3	8
9	3	7	8	2	1	4	6	5
1	6	8	5	4	3	7	2	9
5	9	2	6	1	4	8	7	3
8	7	6	9	3	5	2	4	1
3	1	4	2	7	8	5	9	6
2	5	1	3	9	7	6	8	4
7	4	3	1	8	6	9	5	2
6	8	9	4	5	2	3	1	7

211

3	5	4	7	2	9	1	6	8
9	1	7	4	6	8	2	5	3
2	6	8	1	5	3	7	9	4
8	9	6	5	4	1	3	2	7
4	7	5	2	3	6	8	1	9
1	2	3	8	9	7	5	4	6
5	3	2	9	7	4	6	8	1
7	4	1	6	8	5	9	3	2
6	8	9	3	1	2	4	7	5

212

1	4	8	2	7	9	5	6	3
2	3	9	5	1	6	7	8	4
5	6	7	8	3	4	1	9	2
8	1	6	3	9	5	2	4	7
7	2	3	1	4	8	9	5	6
4	9	5	6	2	7	3	1	8
9	8	1	7	6	3	4	2	5
6	7	4	9	5	2	8	3	1
3	5	2	4	8	1	6	7	9

213

5	4	3	6	9	1	2	8	7
9	1	8	5	2	7	6	4	3
7	2	6	3	4	8	5	1	9
8	9	4	7	6	2	3	5	1
3	5	1	9	8	4	7	2	6
2	6	7	1	3	5	8	9	4
6	8	5	4	1	3	9	7	2
1	3	2	8	7	9	4	6	5
4	7	9	2	5	6	1	3	8

214

1	3	9	6	7	4	5	2	8
7	6	5	2	8	9	1	4	3
4	8	2	1	3	5	9	6	7
5	1	3	9	4	6	8	7	2
9	7	8	3	2	1	6	5	4
2	4	6	7	5	8	3	9	1
6	2	7	8	9	3	4	1	5
8	9	4	5	1	2	7	3	6
3	5	1	4	6	7	2	8	9

215

2	8	9	3	7	4	5	1	6
1	6	3	9	8	5	2	4	7
4	5	7	6	1	2	3	9	8
8	7	1	2	5	3	4	6	9
6	3	4	1	9	7	8	2	5
5	9	2	4	6	8	1	7	3
9	2	5	8	4	6	7	3	1
7	4	6	5	3	1	9	8	2
3	1	8	7	2	9	6	5	4

216

1	8	6	5	2	7	4	9	3
3	9	4	8	1	6	7	5	2
2	7	5	4	9	3	1	6	8
6	5	8	1	4	9	3	2	7
9	1	3	7	5	2	8	4	6
7	4	2	3	6	8	5	1	9
8	2	1	6	7	4	9	3	5
4	3	9	2	8	5	6	7	1
5	6	7	9	3	1	2	8	4

217

4	2	3	9	6	8	7	1	5
8	1	6	3	5	7	2	4	9
5	7	9	4	1	2	8	6	3
1	6	8	2	3	5	4	9	7
3	4	5	6	7	9	1	2	8
7	9	2	8	4	1	5	3	6
6	5	1	7	9	4	3	8	2
2	3	4	5	8	6	9	7	1
9	8	7	1	2	3	6	5	4

218

9	6	3	2	5	1	7	8	4
1	7	8	3	6	4	2	9	5
5	2	4	9	8	7	3	1	6
3	1	6	5	7	9	4	2	8
8	9	2	1	4	3	6	5	7
4	5	7	8	2	6	9	3	1
2	4	1	6	9	8	5	7	3
6	8	9	7	3	5	1	4	2
7	3	5	4	1	2	8	6	9

219

1	2	6	9	5	7	3	8	4
7	3	8	1	2	4	6	5	9
9	4	5	6	3	8	1	2	7
2	1	3	8	7	9	5	4	6
6	7	4	5	1	3	8	9	2
8	5	9	4	6	2	7	1	3
5	9	1	3	4	6	2	7	8
3	8	7	2	9	1	4	6	5
4	6	2	7	8	5	9	3	1

220

2	4	7	3	8	5	1	6	9
9	8	3	6	7	1	2	5	4
6	5	1	9	4	2	8	3	7
5	2	8	7	3	4	6	9	1
7	3	6	5	1	9	4	2	8
1	9	4	2	6	8	5	7	3
4	6	2	1	9	3	7	8	5
8	7	9	4	5	6	3	1	2
3	1	5	8	2	7	9	4	6

The Must Have 2015 Sudoku Puzzle Book

221

7	4	2	5	6	8	1	3	9
9	1	6	3	4	2	8	5	7
5	3	8	7	9	1	4	6	2
1	2	5	8	7	3	9	4	6
3	6	7	9	2	4	5	1	8
4	8	9	1	5	6	2	7	3
6	9	1	4	8	7	3	2	5
8	7	4	2	3	5	6	9	1
2	5	3	6	1	9	7	8	4

222

9	2	1	7	5	3	4	6	8
5	6	3	8	4	1	2	9	7
7	4	8	6	2	9	1	3	5
2	8	5	3	1	6	7	4	9
4	9	7	2	8	5	6	1	3
3	1	6	4	9	7	5	8	2
8	5	9	1	6	2	3	7	4
6	3	4	5	7	8	9	2	1
1	7	2	9	3	4	8	5	6

223

8	1	6	4	5	7	3	2	9
4	7	2	3	9	6	8	5	1
5	3	9	1	2	8	4	6	7
1	8	4	6	7	9	5	3	2
9	5	7	2	3	4	6	1	8
2	6	3	5	8	1	9	7	4
6	9	5	7	4	2	1	8	3
3	2	8	9	1	5	7	4	6
7	4	1	8	6	3	2	9	5

224

2	8	7	4	1	6	9	5	3
9	4	6	3	8	5	7	2	1
1	3	5	9	2	7	6	4	8
6	7	9	2	3	8	5	1	4
3	2	1	5	6	4	8	7	9
8	5	4	7	9	1	2	3	6
4	9	3	8	5	2	1	6	7
5	1	8	6	7	3	4	9	2
7	6	2	1	4	9	3	8	5

225

6	4	9	5	7	8	3	2	1
2	5	3	4	1	6	8	9	7
7	8	1	3	9	2	4	6	5
9	7	5	2	3	1	6	4	8
1	3	6	8	4	9	7	5	2
8	2	4	6	5	7	1	3	9
4	9	7	1	2	3	5	8	6
3	1	8	9	6	5	2	7	4
5	6	2	7	8	4	9	1	3

226

6	2	3	4	8	1	9	5	7
8	5	7	6	3	9	2	4	1
1	9	4	7	5	2	3	6	8
9	8	1	5	6	7	4	2	3
4	6	2	8	9	3	7	1	5
7	3	5	1	2	4	6	8	9
2	7	8	3	1	6	5	9	4
3	1	9	2	4	5	8	7	6
5	4	6	9	7	8	1	3	2

227

3	8	4	2	6	5	7	1	9
1	9	6	7	4	3	5	2	8
5	7	2	8	1	9	6	4	3
4	5	8	1	3	7	9	6	2
2	1	3	6	9	8	4	5	7
9	6	7	4	5	2	8	3	1
7	4	1	3	8	6	2	9	5
8	3	5	9	2	4	1	7	6
6	2	9	5	7	1	3	8	4

228

3	4	8	7	6	2	9	1	5
7	1	9	5	3	4	2	6	8
2	5	6	1	9	8	7	3	4
6	8	7	4	5	3	1	9	2
1	2	3	8	7	9	4	5	6
5	9	4	2	1	6	8	7	3
4	3	1	9	8	5	6	2	7
8	7	5	6	2	1	3	4	9
9	6	2	3	4	7	5	8	1

229

8	9	7	3	2	1	5	4	6
6	2	4	5	7	9	8	1	3
5	3	1	8	6	4	9	7	2
3	8	6	9	4	7	1	2	5
7	5	2	6	1	3	4	8	9
1	4	9	2	5	8	3	6	7
9	7	3	1	8	6	2	5	4
4	1	5	7	9	2	6	3	8
2	6	8	4	3	5	7	9	1

230

8	4	1	5	6	9	7	2	3
9	2	3	8	4	7	6	1	5
6	5	7	3	2	1	8	9	4
1	7	8	9	5	3	2	4	6
4	6	5	2	7	8	1	3	9
3	9	2	4	1	6	5	7	8
5	3	4	7	8	2	9	6	1
7	8	6	1	9	4	3	5	2
2	1	9	6	3	5	4	8	7

231

2	1	5	6	4	7	8	3	9
3	7	6	8	9	2	1	5	4
8	4	9	1	5	3	2	7	6
6	9	3	7	8	5	4	2	1
4	5	8	3	2	1	9	6	7
7	2	1	4	6	9	5	8	3
1	3	2	9	7	8	6	4	5
5	6	7	2	1	4	3	9	8
9	8	4	5	3	6	7	1	2

232

6	1	5	3	9	4	2	8	7
8	2	4	1	6	7	5	9	3
7	9	3	8	5	2	1	4	6
4	5	6	2	3	1	8	7	9
1	8	9	7	4	5	6	3	2
2	3	7	9	8	6	4	1	5
5	6	8	4	7	3	9	2	1
3	4	2	5	1	9	7	6	8
9	7	1	6	2	8	3	5	4

233

6	3	2	8	7	4	9	5	1
4	9	7	3	5	1	6	8	2
5	1	8	9	6	2	7	4	3
3	7	6	2	9	5	8	1	4
2	8	4	7	1	6	3	9	5
1	5	9	4	3	8	2	6	7
9	2	1	6	4	3	5	7	8
8	6	5	1	2	7	4	3	9
7	4	3	5	8	9	1	2	6

234

1	2	9	7	6	4	8	3	5
5	6	3	1	8	9	4	7	2
7	4	8	5	3	2	6	1	9
2	9	7	4	1	8	5	6	3
4	3	5	6	9	7	2	8	1
8	1	6	2	5	3	9	4	7
6	5	4	3	2	1	7	9	8
3	8	2	9	7	6	1	5	4
9	7	1	8	4	5	3	2	6

235

8	1	4	9	6	3	5	2	7
7	5	6	1	8	2	3	9	4
2	9	3	7	5	4	6	1	8
9	6	1	2	3	7	8	4	5
5	4	7	6	1	8	9	3	2
3	8	2	4	9	5	7	6	1
4	2	9	5	7	6	1	8	3
6	7	8	3	4	1	2	5	9
1	3	5	8	2	9	4	7	6

236

5	3	8	9	4	2	6	7	1
9	7	6	3	1	8	4	5	2
2	4	1	7	5	6	3	8	9
6	1	2	5	3	4	8	9	7
4	9	3	8	2	7	5	1	6
8	5	7	6	9	1	2	3	4
3	2	4	1	8	9	7	6	5
7	8	9	4	6	5	1	2	3
1	6	5	2	7	3	9	4	8

237

2	1	3	9	7	8	5	4	6
5	4	6	2	3	1	7	8	9
9	8	7	5	4	6	1	3	2
3	9	1	4	6	5	8	2	7
4	7	2	8	1	9	3	6	5
6	5	8	3	2	7	4	9	1
7	3	5	6	9	4	2	1	8
1	6	4	7	8	2	9	5	3
8	2	9	1	5	3	6	7	4

238

3	7	1	8	4	5	9	6	2
8	2	4	3	9	6	1	7	5
6	5	9	1	7	2	8	4	3
1	4	3	2	8	7	5	9	6
7	9	8	5	6	4	2	3	1
2	6	5	9	3	1	7	8	4
9	1	7	4	2	3	6	5	8
5	3	6	7	1	8	4	2	9
4	8	2	6	5	9	3	1	7

239

9	8	2	4	5	6	3	7	1
3	6	1	8	2	7	5	4	9
7	4	5	1	3	9	6	8	2
8	2	3	5	1	4	9	6	7
1	7	9	2	6	3	8	5	4
4	5	6	9	7	8	1	2	3
2	9	7	6	8	1	4	3	5
5	1	8	3	4	2	7	9	6
6	3	4	7	9	5	2	1	8

240

1	9	2	8	5	3	7	4	6
8	4	3	6	7	1	5	2	9
7	5	6	4	2	9	8	1	3
4	2	7	1	9	8	6	3	5
6	8	5	3	4	2	9	7	1
3	1	9	5	6	7	4	8	2
5	7	1	9	3	4	2	6	8
2	6	8	7	1	5	3	9	4
9	3	4	2	8	6	1	5	7

241

9	6	7	2	1	3	4	5	8
3	1	5	4	6	8	2	7	9
4	8	2	5	9	7	3	6	1
2	9	1	6	8	5	7	4	3
7	4	8	9	3	2	5	1	6
6	5	3	1	7	4	8	9	2
1	2	4	3	5	9	6	8	7
8	3	6	7	4	1	9	2	5
5	7	9	8	2	6	1	3	4

242

5	4	3	6	7	8	9	1	2
2	1	6	5	9	4	3	7	8
8	7	9	3	2	1	6	4	5
1	9	7	4	6	2	5	8	3
3	2	5	8	1	9	4	6	7
6	8	4	7	3	5	2	9	1
9	6	2	1	5	7	8	3	4
7	3	8	2	4	6	1	5	9
4	5	1	9	8	3	7	2	6

243

6	3	2	4	5	9	8	7	1
1	9	8	2	6	7	4	3	5
4	7	5	3	8	1	9	2	6
8	2	7	9	4	5	1	6	3
3	1	9	8	7	6	2	5	4
5	4	6	1	3	2	7	9	8
2	8	4	6	9	3	5	1	7
7	6	1	5	2	4	3	8	9
9	5	3	7	1	8	6	4	2

244

1	7	3	6	8	9	5	2	4
2	8	9	5	4	7	1	3	6
4	5	6	3	1	2	7	9	8
9	4	7	1	5	6	3	8	2
5	6	2	8	9	3	4	1	7
8	3	1	2	7	4	6	5	9
7	1	4	9	2	5	8	6	3
3	9	5	4	6	8	2	7	1
6	2	8	7	3	1	9	4	5

245

1	6	5	8	3	4	7	2	9
9	8	3	2	1	7	6	4	5
7	2	4	9	5	6	8	1	3
3	1	8	5	7	2	4	9	6
4	7	2	1	6	9	5	3	8
5	9	6	3	4	8	1	7	2
2	4	9	7	8	5	3	6	1
8	3	7	6	2	1	9	5	4
6	5	1	4	9	3	2	8	7

246

3	6	4	8	7	1	5	2	9
9	8	1	5	2	6	7	3	4
7	5	2	9	4	3	8	1	6
6	1	9	3	8	2	4	5	7
8	2	3	7	5	4	6	9	1
5	4	7	1	6	9	3	8	2
2	7	5	6	9	8	1	4	3
1	9	8	4	3	7	2	6	5
4	3	6	2	1	5	9	7	8

247

7	4	3	8	2	1	5	9	6
1	9	8	4	5	6	3	2	7
5	6	2	3	9	7	1	8	4
3	5	1	6	8	4	9	7	2
9	8	7	2	1	3	6	4	5
4	2	6	9	7	5	8	1	3
6	3	9	1	4	2	7	5	8
2	1	5	7	3	8	4	6	9
8	7	4	5	6	9	2	3	1

248

8	4	2	6	7	1	9	3	5
5	1	3	4	9	2	7	8	6
7	9	6	5	3	8	2	1	4
3	6	8	7	2	9	4	5	1
4	7	9	1	5	3	8	6	2
2	5	1	8	6	4	3	9	7
1	3	4	2	8	6	5	7	9
6	8	5	9	4	7	1	2	3
9	2	7	3	1	5	6	4	8

249

6	5	2	3	7	9	4	8	1
3	8	1	6	5	4	7	2	9
7	9	4	8	1	2	5	6	3
4	6	5	1	2	3	9	7	8
1	3	9	5	8	7	6	4	2
2	7	8	9	4	6	3	1	5
8	1	3	7	6	5	2	9	4
5	2	7	4	9	8	1	3	6
9	4	6	2	3	1	8	5	7

250

9	4	8	5	7	1	6	2	3
6	1	5	3	2	9	8	7	4
2	7	3	6	4	8	9	5	1
8	9	7	2	1	3	5	4	6
3	6	1	8	5	4	7	9	2
5	2	4	9	6	7	3	1	8
4	8	6	7	9	2	1	3	5
1	5	9	4	3	6	2	8	7
7	3	2	1	8	5	4	6	9

251

9	4	6	7	8	1	2	3	5
3	1	2	5	6	4	7	8	9
8	7	5	9	3	2	1	6	4
6	8	1	3	9	7	4	5	2
5	3	9	4	2	6	8	1	7
7	2	4	1	5	8	3	9	6
2	5	7	6	1	3	9	4	8
4	9	3	8	7	5	6	2	1
1	6	8	2	4	9	5	7	3

252

1	7	2	5	3	9	6	4	8
4	3	6	1	7	8	5	2	9
9	8	5	6	4	2	7	1	3
8	6	3	7	5	1	4	9	2
7	5	1	2	9	4	8	3	6
2	9	4	3	8	6	1	5	7
3	2	8	4	1	7	9	6	5
6	1	9	8	2	5	3	7	4
5	4	7	9	6	3	2	8	1

253

2	1	6	8	5	9	7	4	3
4	5	7	3	1	2	8	9	6
3	9	8	7	6	4	1	5	2
7	3	9	5	2	6	4	1	8
5	2	1	4	8	7	6	3	9
6	8	4	9	3	1	5	2	7
1	7	3	2	4	8	9	6	5
9	6	5	1	7	3	2	8	4
8	4	2	6	9	5	3	7	1

254

5	8	9	1	7	3	4	6	2
2	1	3	4	5	6	8	7	9
4	7	6	2	8	9	3	1	5
1	4	8	7	9	2	6	5	3
9	6	5	3	1	4	7	2	8
3	2	7	8	6	5	1	9	4
8	5	2	6	4	7	9	3	1
7	9	4	5	3	1	2	8	6
6	3	1	9	2	8	5	4	7

255

1	7	6	5	3	4	2	9	8
4	9	5	2	8	7	1	6	3
8	3	2	6	9	1	5	4	7
5	2	4	9	7	6	8	3	1
3	6	1	4	5	8	7	2	9
9	8	7	1	2	3	6	5	4
6	1	9	7	4	2	3	8	5
7	4	3	8	6	5	9	1	2
2	5	8	3	1	9	4	7	6

256

9	7	8	3	2	1	5	4	6
2	1	6	4	5	9	8	3	7
4	5	3	6	7	8	2	1	9
5	9	2	8	1	7	4	6	3
7	8	4	5	6	3	1	9	2
6	3	1	9	4	2	7	5	8
3	4	9	7	8	5	6	2	1
8	2	5	1	3	6	9	7	4
1	6	7	2	9	4	3	8	5

257

8	4	5	2	1	7	9	6	3
2	7	9	3	4	6	5	8	1
6	1	3	5	8	9	4	7	2
5	3	8	1	9	2	7	4	6
4	6	7	8	3	5	2	1	9
1	9	2	6	7	4	3	5	8
7	2	4	9	6	8	1	3	5
3	5	6	4	2	1	8	9	7
9	8	1	7	5	3	6	2	4

258

5	9	6	8	1	7	2	4	3
4	8	2	6	5	3	9	7	1
7	3	1	9	4	2	8	5	6
8	2	7	1	6	4	5	3	9
9	6	4	3	7	5	1	8	2
3	1	5	2	8	9	4	6	7
2	4	9	5	3	6	7	1	8
6	5	8	7	9	1	3	2	4
1	7	3	4	2	8	6	9	5

259

3	6	4	2	8	7	1	9	5
2	8	7	9	1	5	4	3	6
5	9	1	3	6	4	2	8	7
4	7	9	8	5	2	3	6	1
6	5	2	1	9	3	7	4	8
1	3	8	4	7	6	5	2	9
8	4	5	7	3	9	6	1	2
7	1	3	6	2	8	9	5	4
9	2	6	5	4	1	8	7	3

260

5	7	1	6	9	2	3	4	8
9	3	4	7	8	5	6	2	1
6	2	8	1	3	4	9	5	7
8	1	5	4	7	3	2	9	6
3	6	7	2	5	9	8	1	4
2	4	9	8	1	6	5	7	3
7	9	3	5	4	8	1	6	2
1	8	2	9	6	7	4	3	5
4	5	6	3	2	1	7	8	9

The Must Have 2015 Sudoku Puzzle Book

261

```
7 3 1 8 5 6 2 9 4
5 9 4 7 3 2 6 8 1
8 6 2 1 4 9 7 3 5
4 5 6 9 7 8 1 2 3
1 8 7 2 6 3 5 4 9
3 2 9 4 1 5 8 6 7
6 7 5 3 8 4 9 1 2
2 4 8 5 9 1 3 7 6
9 1 3 6 2 7 4 5 8
```

For other exciting Sudoku books
Please visit www.sudokids.com
and www.buysudokubooks.com

For customized editions, bulk discounts
and corporate purchasing,
please email sales@sudokids.com.

262

```
7 8 9 1 6 5 2 3 4
4 5 2 8 7 3 6 9 1
1 6 3 4 2 9 8 5 7
8 4 1 5 9 7 3 6 2
3 9 5 2 1 6 4 7 8
6 2 7 3 4 8 5 1 9
5 1 4 9 3 2 7 8 6
2 3 6 7 8 1 9 4 5
9 7 8 6 5 4 1 2 3
```

263

```
3 4 1 5 6 7 2 9 8
9 2 7 8 3 1 6 4 5
8 5 6 2 9 4 7 3 1
4 8 9 1 7 3 5 2 6
2 1 3 4 5 6 8 7 9
7 6 5 9 8 2 3 1 4
6 9 2 3 1 8 4 5 7
1 3 8 7 4 5 9 6 2
5 7 4 6 2 9 1 8 3
```

264

```
6 5 4 8 3 7 9 1 2
2 7 9 5 1 6 4 8 3
1 3 8 2 4 9 5 7 6
9 4 3 1 5 8 2 6 7
5 6 2 4 7 3 8 9 1
7 8 1 6 9 2 3 4 5
3 1 5 9 6 4 7 2 8
8 9 6 7 2 5 1 3 4
4 2 7 3 8 1 6 5 9
```

265

```
3 5 6 8 7 2 4 9 1
4 2 9 1 6 5 8 3 7
1 8 7 3 4 9 5 2 6
7 1 2 4 5 3 6 8 9
8 9 3 6 2 1 7 4 5
6 4 5 9 8 7 2 1 3
5 6 1 2 3 8 9 7 4
2 3 4 7 9 6 1 5 8
9 7 8 5 1 4 3 6 2
```

266

```
5 6 8 7 9 4 3 2 1
1 4 3 8 2 6 9 5 7
9 7 2 3 1 5 4 6 8
4 2 7 9 6 3 1 8 5
8 9 6 2 5 1 7 3 4
3 1 5 4 8 7 6 9 2
7 3 9 5 4 8 2 1 6
6 5 4 1 3 2 8 7 9
2 8 1 6 7 9 5 4 3
```

267

```
7 4 8 2 6 5 1 9 3
3 1 2 7 8 9 4 6 5
9 5 6 1 3 4 2 8 7
5 3 4 6 9 1 8 7 2
2 6 9 8 5 7 3 1 4
1 8 7 3 4 2 9 5 6
8 2 1 5 7 3 6 4 9
4 7 3 9 1 6 5 2 8
6 9 5 4 2 8 7 3 1
```

268

```
5 7 3 6 9 8 1 4 2
2 9 1 3 5 4 8 7 6
8 6 4 7 1 2 9 5 3
7 3 5 1 8 6 4 2 9
6 4 8 5 2 9 7 3 1
9 1 2 4 7 3 5 6 8
4 2 7 9 6 1 3 8 5
1 5 6 8 3 7 2 9 4
3 8 9 2 4 5 6 1 7
```

269

```
6 2 7 1 3 5 9 8 4
1 5 8 4 6 9 2 3 7
9 4 3 2 7 8 5 1 6
7 1 2 9 4 3 6 5 8
4 9 6 5 8 2 3 7 1
8 3 5 7 1 6 4 9 2
2 8 1 3 5 4 7 6 9
3 7 9 6 2 1 8 4 5
5 6 4 8 9 7 1 2 3
```

270

```
5 7 3 1 2 4 6 8 9
6 8 2 7 9 5 1 3 4
9 4 1 8 3 6 5 7 2
4 5 6 9 8 7 3 2 1
3 9 7 2 5 1 4 6 8
1 2 8 6 4 3 7 9 5
2 3 4 5 7 8 9 1 6
8 6 5 3 1 9 2 4 7
7 1 9 4 6 2 8 5 3
```

271

```
6 9 8 1 7 5 3 2 4
3 2 1 9 4 6 7 8 5
5 7 4 2 3 8 6 1 9
9 6 7 8 2 1 5 4 3
8 4 5 3 9 7 2 6 1
2 1 3 6 5 4 8 9 7
7 8 2 4 1 3 9 5 6
1 5 6 7 8 9 4 3 2
4 3 9 5 6 2 1 7 8
```

272

```
4 7 8 5 1 6 9 3 2
2 1 9 3 4 8 7 6 5
5 6 3 7 2 9 1 4 8
6 9 7 2 8 3 4 5 1
1 8 2 4 9 5 6 7 3
3 4 5 6 7 1 8 2 9
8 5 6 1 3 4 2 9 7
7 3 1 9 6 2 5 8 4
9 2 4 8 5 7 3 1 6
```

273

```
4 5 8 7 1 3 2 6 9
3 7 9 2 4 6 5 8 1
1 2 6 8 9 5 3 7 4
2 3 1 9 8 7 6 4 5
9 6 4 5 3 2 8 1 7
5 4 3 6 7 8 1 9 2
6 9 2 1 5 4 7 3 8
8 1 7 3 2 9 4 5 6
```

274

```
7 6 9 3 8 1 4 2 5
8 4 5 2 9 7 1 6 3
3 1 2 5 6 4 7 8 9
2 8 1 9 7 5 6 3 4
6 7 3 1 4 2 5 9 8
9 5 4 8 3 6 2 1 7
1 2 8 7 5 3 9 4 6
4 9 7 6 1 8 3 5 2
5 3 6 4 2 9 8 7 1
```

275

```
1 9 5 7 8 2 6 4 3
3 8 4 5 6 1 7 2 9
2 6 7 9 4 3 1 5 8
6 5 1 8 2 4 9 3 7
8 3 2 1 7 9 5 6 4
7 4 9 3 5 6 2 8 1
4 2 8 6 1 7 3 9 5
9 1 6 4 3 5 8 7 2
5 7 3 2 9 8 4 1 6
```

276

```
2 7 8 5 6 1 4 3 9
4 6 1 3 9 7 2 8 5
5 9 3 4 8 2 1 7 6
6 4 2 1 5 3 7 9 8
8 3 7 6 4 9 5 1 2
9 1 5 7 2 8 3 6 4
1 5 9 2 7 6 8 4 3
7 2 6 8 3 4 9 5 1
3 8 4 9 1 5 6 2 7
```

277

```
9 2 8 7 6 4 3 5 1
1 3 7 8 9 5 4 2 6
4 6 5 1 3 2 9 8 7
8 4 9 5 1 6 7 3 2
2 1 3 4 8 7 5 6 9
5 7 6 3 2 9 1 4 8
6 5 2 9 4 1 8 7 3
7 8 1 6 5 3 2 9 4
3 9 4 2 7 8 6 1 5
```

278

```
7 5 4 3 9 1 2 8 6
6 9 2 5 7 8 3 1 4
8 1 3 6 4 2 9 5 7
1 8 7 2 6 3 4 9 5
3 2 9 1 5 4 6 7 8
4 6 5 7 8 9 1 3 2
9 3 8 4 2 7 5 6 1
5 4 1 8 3 6 7 2 9
2 7 6 9 1 5 8 4 3
```

The Must Have 2015 Sudoku Puzzle Book

279

```
2 4 8 6 5 1 7 3 9
7 3 1 9 8 4 2 6 5
9 6 5 3 2 7 8 1 4
5 8 7 1 4 6 9 2 3
4 9 6 5 3 2 1 7 8
3 1 2 7 9 8 4 5 6
8 5 4 2 7 3 6 9 1
6 2 3 4 1 9 5 8 7
1 7 9 8 6 5 3 4 2
```

280

```
4 8 7 3 2 6 5 9 1
2 5 1 7 4 9 8 3 6
6 3 9 1 5 8 2 7 4
7 1 4 5 8 3 9 6 2
3 6 5 2 9 7 1 4 8
8 9 2 4 6 1 7 5 3
9 7 6 8 3 2 4 1 5
5 2 3 9 1 4 6 8 7
1 4 8 6 7 5 3 2 9
```

281

```
6 5 9 2 8 1 4 3 7
8 4 1 3 6 7 5 2 9
7 2 3 5 9 4 8 6 1
2 7 4 8 5 3 1 9 6
9 3 5 1 7 6 2 8 4
1 6 8 4 2 9 7 5 3
5 9 6 7 1 8 3 4 2
4 8 7 9 3 2 6 1 5
3 1 2 6 4 5 9 7 8
```

282

```
1 2 3 9 8 7 5 6 4
8 4 6 5 2 1 9 7 3
5 7 9 6 4 3 2 8 1
9 6 2 1 5 4 8 3 7
4 8 7 3 9 2 6 1 5
3 5 1 7 6 8 4 2 9
6 1 4 2 3 5 7 9 8
7 9 5 8 1 6 3 4 2
2 3 8 4 7 9 1 5 6
```

283

```
2 3 1 4 5 6 8 9 7
8 5 7 9 3 2 4 6 1
6 4 9 1 8 7 2 3 5
5 9 4 6 7 3 1 2 8
3 7 2 8 1 5 6 4 9
1 6 8 2 9 4 5 7 3
9 2 3 5 4 8 7 1 6
4 1 5 7 6 9 3 8 2
7 8 6 3 2 1 9 5 4
```

284

```
2 7 3 5 1 8 4 6 9
6 1 4 3 7 9 2 8 5
5 8 9 6 2 4 1 7 3
3 6 5 9 4 7 8 2 1
8 9 7 1 3 2 6 5 4
4 2 1 8 6 5 3 9 7
9 5 2 4 8 3 7 1 6
1 3 8 7 5 6 9 4 2
7 4 6 2 9 1 5 3 8
```

285

```
1 7 6 2 3 9 4 5 8
8 3 5 4 7 1 6 2 9
4 9 2 8 5 6 3 7 1
3 6 1 5 8 4 7 9 2
5 2 4 6 9 7 8 1 3
9 8 7 1 2 3 5 4 6
6 4 8 9 1 5 2 3 7
2 1 3 7 4 8 9 6 5
7 5 9 3 6 2 1 8 4
```

286

```
9 1 6 4 3 2 5 8 7
3 4 2 7 8 5 6 1 9
7 8 5 9 1 6 3 2 4
5 3 4 2 7 9 8 6 1
6 7 9 1 5 8 2 4 3
1 2 8 6 4 3 7 9 5
8 9 7 5 6 4 1 3 2
2 6 1 3 9 7 4 5 8
4 5 3 8 2 1 9 7 6
```

287

```
2 7 8 9 5 3 4 1 6
5 4 6 8 2 1 3 7 9
9 1 3 6 7 4 2 5 8
4 9 7 1 8 5 6 2 3
3 5 1 4 6 2 9 8 7
6 8 2 3 9 7 5 4 1
1 2 4 7 3 6 8 9 5
7 3 9 5 4 8 1 6 2
8 6 5 2 1 9 7 3 4
```

288

```
5 8 7 6 4 2 9 3 1
9 4 6 3 1 7 2 8 5
1 3 2 5 9 8 7 4 6
4 2 3 1 8 9 5 6 7
6 1 5 2 7 3 8 9 4
8 7 9 4 5 6 3 1 2
2 9 8 7 6 4 1 5 3
3 6 1 8 2 5 4 7 9
7 5 4 9 3 1 6 2 8
```

289

```
2 4 1 8 3 7 9 6 5
3 6 5 2 1 9 4 7 8
9 8 7 5 4 6 1 3 2
4 3 8 7 9 1 5 2 6
6 5 9 3 2 8 7 1 4
1 7 2 4 6 5 3 8 9
5 2 6 1 7 4 8 9 3
7 9 4 6 8 3 2 5 1
8 1 3 9 5 2 6 4 7
```

290

```
8 9 7 3 2 1 5 4 6
4 5 2 9 8 6 7 1 3
6 3 1 7 4 5 2 9 8
1 6 8 2 7 4 9 3 5
3 2 4 5 1 9 6 8 7
5 7 9 8 6 3 1 2 4
7 8 3 1 5 2 4 6 9
2 4 5 6 9 8 3 7 1
9 1 6 4 3 7 8 5 2
```

291

```
2 5 8 9 3 6 7 4 1
7 1 4 2 5 8 9 6 3
3 9 6 4 7 1 2 5 8
4 6 1 8 2 3 5 9 7
5 3 2 7 1 9 6 8 4
9 8 7 6 4 5 3 1 2
8 7 3 5 9 4 1 2 6
1 4 9 3 6 2 8 7 5
6 2 5 1 8 7 4 3 9
```

292

```
6 9 8 1 3 7 5 4 2
1 3 4 5 9 2 7 6 8
2 7 5 8 6 4 9 3 1
4 5 7 2 8 9 3 1 6
3 2 1 6 4 5 8 7 9
8 6 9 7 1 3 4 2 5
9 1 3 4 2 8 6 5 7
5 8 2 3 7 6 1 9 4
7 4 6 9 5 1 2 8 3
```

293

```
3 1 2 9 7 8 6 4 5
9 4 6 3 5 2 8 7 1
7 5 8 1 6 4 3 9 2
6 7 5 4 2 9 1 3 8
2 8 9 5 3 1 4 6 7
1 3 4 7 8 6 5 2 9
5 6 1 2 9 3 7 8 4
4 2 3 8 1 7 9 5 6
8 9 7 6 4 5 2 1 3
```

294

```
7 9 1 6 8 5 3 4 2
5 6 4 1 2 3 8 7 9
8 3 2 7 4 9 5 1 6
9 1 6 3 5 4 2 8 7
2 4 5 9 7 8 6 3 1
3 7 8 2 6 1 4 9 5
6 2 9 8 3 7 1 5 4
4 8 7 5 1 2 9 6 3
1 5 3 4 9 6 7 2 8
```

295

```
7 3 4 1 6 2 5 9 8
6 5 2 4 8 9 3 1 7
1 8 9 7 5 3 2 6 4
2 4 1 3 9 8 7 5 6
8 9 7 5 4 6 1 2 3
5 6 3 2 1 7 8 4 9
9 1 8 6 3 5 4 7 2
3 2 5 9 7 4 6 8 1
4 7 6 8 2 1 9 3 5
```

296

```
3 5 1 6 9 8 4 7 2
9 7 6 5 2 4 1 8 3
8 2 4 1 7 3 6 5 9
6 8 3 4 1 7 2 9 5
2 4 7 9 6 5 8 3 1
5 1 9 3 8 2 7 6 4
7 9 8 2 3 1 5 4 6
1 6 5 7 4 9 3 2 8
4 3 2 8 5 6 9 1 7
```

297

```
3 2 1 8 7 9 5 4 6
8 5 7 4 6 3 2 1 9
4 6 9 2 1 5 3 8 7
6 9 4 5 3 8 7 2 1
2 7 5 9 4 1 6 3 8
1 3 8 7 2 6 4 9 5
7 1 6 3 8 2 9 5 4
9 4 3 1 5 7 8 6 2
5 8 2 6 9 4 1 7 3
```

298

```
1 8 7 4 6 2 3 9 5
6 3 2 1 9 5 4 7 8
5 4 9 8 3 7 6 2 1
3 2 1 6 5 4 7 8 9
4 9 8 3 7 1 2 5 6
7 5 6 9 2 8 1 3 4
8 7 4 2 1 9 5 6 3
9 6 5 7 4 3 8 1 2
2 1 3 5 8 6 9 4 7
```

The Must Have 2015 Sudoku Puzzle Book

299

5	2	4	8	6	9	7	1	3
1	3	6	4	7	5	9	8	2
7	8	9	2	3	1	6	4	5
4	5	7	1	9	3	2	6	8
6	9	2	7	8	4	3	5	1
8	1	3	5	2	6	4	9	7
3	4	1	6	5	2	8	7	9
2	6	8	9	1	7	5	3	4
9	7	5	3	4	8	1	2	6

300

7	1	8	5	4	9	2	3	6
5	4	6	1	3	2	9	8	7
2	3	9	6	8	7	4	5	1
8	2	3	9	1	4	7	6	5
6	9	1	7	2	5	3	4	8
4	7	5	3	6	8	1	9	2
9	6	4	8	7	1	5	2	3
1	8	2	4	5	3	6	7	9
3	5	7	2	9	6	8	1	4

301

9	6	2	3	7	1	4	5	8
3	4	5	8	6	2	1	7	9
7	8	1	4	5	9	2	6	3
5	1	6	7	8	4	9	3	2
8	7	9	2	1	3	6	4	5
2	3	4	5	9	6	8	1	7
1	9	3	6	2	5	7	8	4
4	2	8	1	3	7	5	9	6
6	5	7	9	4	8	3	2	1

302

2	6	9	5	7	4	3	8	1
8	3	5	1	9	2	7	6	4
1	4	7	3	8	6	9	2	5
4	5	6	2	3	8	1	9	7
3	9	2	7	5	1	8	4	6
7	8	1	4	6	9	5	3	2
9	7	8	6	4	5	2	1	3
5	1	4	9	2	3	6	7	8
6	2	3	8	1	7	4	5	9

303

4	5	3	8	2	1	7	6	9
2	6	7	3	9	4	8	5	1
8	9	1	5	7	6	3	2	4
7	1	2	4	8	9	5	3	6
6	4	5	1	3	2	9	7	8
3	8	9	7	6	5	4	1	2
5	2	8	9	1	3	6	4	7
9	3	6	2	4	7	1	8	5
1	7	4	6	5	8	2	9	3

304

3	9	7	6	8	4	1	2	5
6	8	1	5	3	2	9	7	4
2	4	5	7	1	9	6	3	8
1	6	4	2	5	8	3	9	7
8	3	9	1	7	6	4	5	2
7	5	2	4	9	3	8	6	1
4	2	3	8	6	5	7	1	9
5	1	6	9	4	7	2	8	3
9	7	8	3	2	1	5	4	6

305

5	7	8	1	6	9	4	2	3
3	4	6	7	8	2	5	1	9
2	9	1	5	3	4	6	8	7
8	5	2	4	7	6	3	9	1
9	3	4	2	5	1	8	7	6
6	1	7	3	9	8	2	4	5
4	2	5	9	1	3	7	6	8
1	6	3	8	2	7	9	5	4
7	8	9	6	4	5	1	3	2

306

5	7	1	8	3	6	9	2	4
3	6	2	5	4	9	8	7	1
8	4	9	2	1	7	3	5	6
4	3	6	7	2	1	5	8	9
7	9	8	6	5	4	1	3	2
1	2	5	3	9	8	6	4	7
2	8	7	9	6	3	4	1	5
9	5	4	1	8	2	7	6	3
6	1	3	4	7	5	2	9	8

307

1	5	8	6	2	3	7	9	4
7	4	3	9	1	8	5	2	6
2	9	6	7	4	5	3	8	1
4	1	7	2	3	9	8	6	5
5	6	2	8	7	4	9	1	3
8	3	9	1	5	6	2	4	7
3	7	1	4	8	2	6	5	9
6	8	4	5	9	7	1	3	2
9	2	5	3	6	1	4	7	8

308

7	4	5	6	1	2	9	8	3
1	9	8	5	3	7	4	6	2
6	3	2	4	8	9	1	7	5
5	7	6	9	4	3	2	1	8
2	8	3	1	5	6	7	9	4
9	1	4	2	7	8	5	3	6
3	2	1	8	9	5	6	4	7
8	6	9	7	2	4	3	5	1
4	5	7	3	6	1	8	2	9

309

1	4	6	7	3	2	8	9	5
7	9	8	6	5	4	3	2	1
5	3	2	9	8	1	7	6	4
4	6	3	1	9	7	5	8	2
9	2	5	3	6	8	1	4	7
8	1	7	2	4	5	6	3	9
2	5	9	8	1	6	4	7	3
3	8	1	4	7	9	2	5	6
6	7	4	5	2	3	9	1	8

310

7	3	2	4	9	6	8	5	1
1	5	4	2	7	8	6	9	3
9	8	6	1	3	5	4	2	7
5	7	8	9	1	2	3	6	4
2	6	3	8	4	7	9	1	5
4	9	1	6	5	3	2	7	8
8	1	9	7	6	4	5	3	2
6	4	5	3	2	1	7	8	9
3	2	7	5	8	9	1	4	6

311

8	9	5	1	6	3	2	4	7
4	3	7	5	8	2	6	9	1
6	2	1	7	9	4	8	3	5
3	7	2	6	4	9	5	1	8
1	5	8	3	2	7	9	6	4
9	4	6	8	5	1	7	2	3
7	6	9	4	3	5	1	8	2
2	1	3	9	7	8	4	5	6
5	8	4	2	1	6	3	7	9

312

2	9	5	8	7	3	1	6	4
7	8	6	5	1	4	9	2	3
4	1	3	2	6	9	7	5	8
6	4	9	3	5	7	2	8	1
1	3	8	4	2	6	5	9	7
5	2	7	1	9	8	3	4	6
8	5	1	7	4	2	6	3	9
3	6	2	9	8	1	4	7	5
9	7	4	6	3	5	8	1	2

313

1	9	2	4	6	8	7	5	3
4	7	5	2	3	1	8	9	6
3	6	8	7	5	9	1	2	4
6	2	3	1	4	5	9	7	8
8	5	4	6	9	7	3	1	2
7	1	9	3	8	2	4	6	5
2	4	7	8	1	6	5	3	9
9	3	6	5	7	4	2	8	1
5	8	1	9	2	3	6	4	7

314

3	8	2	9	4	5	6	1	7
4	1	6	8	7	3	5	2	9
9	7	5	2	1	6	4	8	3
8	9	1	6	3	2	7	4	5
5	2	4	1	9	7	3	6	8
7	6	3	5	8	4	2	9	1
1	3	7	4	6	8	9	5	2
2	4	9	3	5	1	8	7	6
6	5	8	7	2	9	1	3	4

315

9	5	3	8	6	4	2	1	7
8	1	2	5	3	7	9	6	4
4	6	7	9	1	2	5	8	3
3	2	5	1	7	9	8	4	6
1	4	6	3	2	8	7	9	5
7	8	9	4	5	6	3	2	1
2	3	8	7	4	1	6	5	9
5	9	1	6	8	3	4	7	2
6	7	4	2	9	5	1	3	8

316

2	8	3	4	5	7	1	6	9
6	7	9	8	3	1	2	5	4
4	5	1	2	9	6	8	7	3
7	9	8	6	4	5	3	1	2
3	1	2	9	7	8	5	4	6
5	4	6	3	1	2	7	9	8
1	2	4	7	8	9	6	3	5
9	6	7	5	2	3	4	8	1
8	3	5	1	6	4	9	2	7

317

4	2	3	8	6	9	1	7	5
7	6	9	3	5	1	8	4	2
5	8	1	7	4	2	9	6	3
6	3	5	2	9	4	7	1	8
2	9	7	6	1	8	3	5	4
1	4	8	5	7	3	2	9	6
8	5	6	9	3	7	4	2	1
9	1	2	4	8	6	5	3	7
3	7	4	1	2	5	6	8	9

318

4	5	8	3	2	6	1	9	7
1	2	3	7	9	5	8	6	4
9	7	6	4	1	8	3	2	5
7	6	5	9	8	3	4	1	2
8	9	4	2	7	1	6	5	3
3	1	2	5	6	4	9	7	8
5	8	7	6	3	9	2	4	1
2	3	9	1	4	7	5	8	6
6	4	1	8	5	2	7	3	9

319

6	9	2	1	7	8	5	4	3
1	5	4	9	3	2	6	7	8
8	3	7	6	5	4	2	1	9
4	1	3	2	9	7	8	6	5
5	7	6	3	8	1	4	9	2
2	8	9	5	4	6	1	3	7
7	2	1	8	6	3	9	5	4
3	6	5	4	2	9	7	8	1
9	4	8	7	1	5	3	2	6

320

5	3	2	6	7	9	1	4	8
8	9	4	1	5	3	6	2	7
1	7	6	2	4	8	9	3	5
7	5	9	4	3	6	2	8	1
2	1	3	8	9	7	5	6	4
6	4	8	5	2	1	7	9	3
4	8	1	7	6	2	3	5	9
9	2	7	3	8	5	4	1	6
3	6	5	9	1	4	8	7	2

321

3	1	2	8	7	9	4	5	6
8	7	5	4	3	6	1	9	2
9	6	4	5	1	2	7	3	8
4	5	9	3	8	7	2	6	1
6	2	7	9	4	1	3	8	5
1	8	3	6	2	5	9	4	7
5	4	1	2	9	8	6	7	3
7	9	6	1	5	3	8	2	4
2	3	8	7	6	4	5	1	9

322

7	3	9	6	1	4	8	5	2
1	5	4	9	2	8	3	6	7
2	8	6	5	7	3	1	9	4
5	2	3	1	8	7	6	4	9
8	9	7	4	5	6	2	1	3
6	4	1	2	3	9	7	8	5
3	6	5	7	4	1	9	2	8
4	1	8	3	9	2	5	7	6
9	7	2	8	6	5	4	3	1

323

4	3	5	6	9	1	7	2	8
2	8	9	4	7	3	6	1	5
7	6	1	5	2	8	9	4	3
3	5	6	7	1	2	8	9	4
9	2	8	3	4	6	5	7	1
1	7	4	8	5	9	3	6	2
6	4	2	9	3	5	1	8	7
5	9	7	1	8	4	2	3	6
8	1	3	2	6	7	4	5	9

324

5	2	1	9	7	3	8	6	4
4	8	7	1	6	5	3	2	9
9	6	3	8	4	2	5	7	1
1	7	5	2	8	4	6	9	3
8	9	2	6	3	1	7	4	5
6	3	4	7	5	9	2	1	8
3	1	9	5	2	6	4	8	7
7	5	6	4	1	8	9	3	2
2	4	8	3	9	7	1	5	6

325

8	7	1	3	2	5	4	6	9
4	6	5	8	1	9	3	2	7
2	3	9	6	7	4	8	1	5
1	8	3	2	6	7	9	5	4
9	2	4	5	8	3	6	7	1
6	5	7	4	9	1	2	8	3
3	9	2	7	5	8	1	4	6
5	4	6	1	3	2	7	9	8
7	1	8	9	4	6	5	3	2

326

5	9	4	2	1	7	8	3	6
2	3	1	6	4	8	5	7	9
6	8	7	9	3	5	4	1	2
8	2	5	1	9	6	3	4	7
1	4	3	7	5	2	9	6	8
7	6	9	4	8	3	1	2	5
3	5	6	8	7	4	2	9	1
4	1	2	5	6	9	7	8	3
9	7	8	3	2	1	6	5	4

327

1	9	2	3	5	6	7	4	8
4	6	5	9	7	8	1	3	2
8	7	3	4	1	2	6	9	5
3	8	6	7	9	1	2	5	4
2	4	1	6	8	5	3	7	9
9	5	7	2	4	3	8	6	1
6	3	8	5	2	4	9	1	7
7	1	4	8	6	9	5	2	3
5	2	9	1	3	7	4	8	6

328

2	1	3	6	5	4	9	7	8
6	9	4	2	7	8	5	1	3
7	5	8	9	3	1	6	4	2
9	7	6	5	8	2	4	3	1
4	3	5	7	1	6	8	2	9
1	8	2	4	9	3	7	6	5
8	4	1	3	6	5	2	9	7
5	6	7	1	2	9	3	8	4
3	2	9	8	4	7	1	5	6

329

8	2	5	6	9	3	4	1	7
4	7	1	5	8	2	6	9	3
9	3	6	7	4	1	2	5	8
3	8	7	2	1	6	9	4	5
5	1	9	8	3	4	7	6	2
6	4	2	9	5	7	8	3	1
1	6	8	3	2	9	5	7	4
2	9	3	4	7	5	1	8	6
7	5	4	1	6	8	3	2	9

330

2	8	7	3	1	9	5	4	6
5	1	9	8	6	4	3	7	2
6	4	3	2	5	7	9	1	8
3	9	1	6	8	2	7	5	4
7	2	4	9	3	5	6	8	1
8	6	5	4	7	1	2	3	9
1	3	2	7	9	8	4	6	5
4	5	6	1	2	3	8	9	7
9	7	8	5	4	6	1	2	3

331

2	5	3	8	9	1	4	6	7
6	4	1	7	2	3	8	9	5
9	8	7	6	5	4	1	3	2
3	9	4	1	6	7	2	5	8
5	7	8	3	4	2	6	1	9
1	2	6	5	8	9	7	4	3
4	6	9	2	7	5	3	8	1
7	3	5	4	1	8	9	2	6
8	1	2	9	3	6	5	7	4

332

9	7	8	6	4	5	3	2	1
6	1	5	8	2	3	7	9	4
4	2	3	9	1	7	6	8	5
3	6	9	7	8	4	1	5	2
1	5	7	2	3	9	8	4	6
8	4	2	1	5	6	9	3	7
2	3	1	5	7	8	4	6	9
5	9	4	3	6	1	2	7	8
7	8	6	4	9	2	5	1	3

333

8	6	3	1	4	9	7	2	5
5	4	7	6	8	2	1	3	9
2	9	1	7	3	5	8	6	4
9	1	5	2	6	3	4	8	7
3	8	2	9	7	4	6	5	1
6	7	4	5	1	8	3	9	2
7	2	8	4	9	6	5	1	3
4	5	6	3	2	1	9	7	8
1	3	9	8	5	7	2	4	6

334

8	6	7	4	5	9	1	3	2
3	2	4	8	6	1	7	9	5
5	9	1	3	7	2	8	4	6
2	5	6	1	9	7	4	8	3
1	4	3	2	8	5	6	7	9
9	7	8	6	4	3	5	2	1
7	8	9	5	3	6	2	1	4
4	1	5	9	2	8	3	6	7
6	3	2	7	1	4	9	5	8

335

2	8	5	9	4	7	6	1	3
9	4	3	1	2	6	7	8	5
6	1	7	3	8	5	4	2	9
4	6	2	8	1	3	5	9	7
5	3	1	4	7	9	2	6	8
8	7	9	5	6	2	3	4	1
3	2	4	7	9	1	8	5	6
7	9	8	6	5	4	1	3	2
1	5	6	2	3	8	9	7	4

336

9	5	2	6	1	7	4	3	8
4	8	7	3	5	9	2	6	1
6	3	1	8	4	2	5	9	7
1	2	4	7	3	6	9	8	5
7	6	5	4	9	8	3	1	2
3	9	8	1	2	5	6	7	4
5	1	6	2	8	3	7	4	9
8	7	9	5	6	4	1	2	3
2	4	3	9	7	1	8	5	6

337

9	4	7	1	6	5	2	8	3
2	1	3	7	9	8	6	5	4
5	6	8	3	2	4	7	9	1
7	5	9	8	1	2	4	3	6
4	8	2	6	3	9	1	7	5
6	3	1	5	4	7	9	2	8
1	7	6	2	8	3	5	4	9
3	9	5	4	7	6	8	1	2
8	2	4	9	5	1	3	6	7

338

8	5	7	4	1	2	3	6	9
1	2	6	9	7	3	4	8	5
4	9	3	8	6	5	2	1	7
3	1	9	5	4	6	7	2	8
2	8	5	7	3	1	9	4	6
7	6	4	2	8	9	5	3	1
5	3	8	6	2	7	1	9	4
6	7	2	1	9	4	8	5	3
9	4	1	3	5	8	6	7	2

339

```
8 9 5 6 3 1 4 2 7
1 3 6 4 7 2 8 5 9
7 4 2 8 5 9 1 6 3
3 1 8 2 9 7 6 4 5
5 6 9 3 1 4 7 8 2
4 2 7 5 6 8 3 9 1
6 5 4 1 2 3 9 7 8
9 8 1 7 4 5 2 3 6
2 7 3 9 8 6 5 1 4
```

340

```
4 9 7 3 5 1 2 8 6
6 8 1 7 2 4 5 3 9
2 5 3 6 9 8 7 4 1
3 2 4 1 8 9 6 7 5
5 1 6 2 3 7 8 9 4
9 7 8 4 6 5 3 1 2
7 6 9 5 1 3 4 2 8
8 4 2 9 7 6 1 5 3
1 3 5 8 4 2 9 6 7
```

341

```
3 9 1 5 8 7 6 4 2
8 2 7 6 4 9 3 5 1
5 6 4 2 1 3 8 9 7
4 1 2 3 9 6 5 7 8
9 7 3 8 5 4 2 1 6
6 8 5 7 2 1 9 3 4
7 4 8 9 3 2 1 6 5
1 5 9 4 6 8 7 2 3
2 3 6 1 7 5 4 8 9
```

342

```
6 3 5 2 4 9 8 1 7
2 1 8 5 6 7 9 4 3
7 4 9 8 1 3 2 5 6
8 6 2 1 9 5 3 7 4
1 9 3 4 7 6 5 2 8
5 7 4 3 2 8 6 9 1
9 5 6 7 8 1 4 3 2
3 2 1 6 5 4 7 8 9
4 8 7 9 3 2 1 6 5
```

343

```
7 4 8 6 1 2 3 9 5
5 6 2 9 4 3 8 1 7
9 3 1 7 5 8 2 4 6
2 8 3 5 9 4 6 7 1
1 5 4 8 7 6 9 2 3
6 9 7 2 3 1 5 8 4
4 1 6 3 2 9 7 5 8
3 2 5 1 8 7 4 6 9
8 7 9 4 6 5 1 3 2
```

344

```
3 6 1 7 4 5 9 2 8
2 4 8 3 9 6 5 1 7
7 5 9 8 1 2 6 4 3
5 8 3 4 2 9 1 7 6
9 1 2 6 8 7 3 5 4
6 7 4 1 5 3 2 8 9
1 9 7 5 3 8 4 6 2
8 3 5 2 6 4 7 9 1
4 2 6 9 7 1 8 3 5
```

345

```
5 9 8 6 2 4 1 3 7
1 2 3 9 8 7 4 5 6
7 4 6 3 5 1 8 2 9
4 7 2 1 9 3 6 8 5
6 3 1 8 4 5 7 9 2
9 8 5 7 6 2 3 4 1
3 1 9 5 7 8 2 6 4
2 5 7 4 3 6 9 1 8
8 6 4 2 1 9 5 7 3
```

346

```
4 6 5 8 9 7 2 1 3
1 7 8 5 3 2 9 4 6
3 9 2 4 6 1 7 8 5
2 8 9 6 5 4 1 3 7
5 4 1 9 7 3 6 2 8
6 3 7 1 2 8 5 9 4
7 1 6 3 4 9 8 5 2
8 2 4 7 1 5 3 6 9
9 5 3 2 8 6 4 7 1
```

347

```
8 1 3 2 7 6 9 4 5
4 9 2 8 5 1 3 6 7
6 7 5 3 9 4 1 2 8
3 2 4 6 1 5 7 8 9
7 5 6 9 3 8 4 1 2
1 8 9 4 2 7 5 3 6
9 6 8 5 4 3 2 7 1
2 3 1 7 8 9 6 5 4
5 4 7 1 6 2 8 9 3
```

348

```
4 9 5 1 3 7 6 2 8
6 1 8 2 9 4 3 7 5
7 3 2 5 8 6 9 1 4
2 8 9 3 1 5 4 6 7
3 7 1 6 4 2 8 5 9
5 6 4 9 7 8 2 3 1
9 2 7 4 6 1 5 8 3
8 5 3 7 2 9 1 4 6
1 4 6 8 5 3 7 9 2
```

349

```
2 7 1 3 5 9 4 6 8
4 8 6 2 7 1 9 3 5
3 5 9 8 6 4 1 7 2
6 2 8 9 4 3 7 5 1
7 3 5 1 2 6 8 4 9
9 1 4 5 8 7 6 2 3
8 4 2 6 1 5 3 9 7
1 9 7 4 3 2 5 8 6
5 6 3 7 9 8 2 1 4
```

350

```
5 2 8 4 3 7 9 6 1
4 7 9 5 6 1 2 3 8
1 6 3 9 2 8 7 5 4
6 5 1 7 9 3 4 8 2
8 9 4 2 5 6 3 1 7
7 3 2 8 1 4 6 9 5
9 4 7 3 8 5 1 2 6
3 8 6 1 7 2 5 4 9
2 1 5 6 4 9 8 7 3
```

351

```
1 4 9 6 3 8 2 7 5
7 3 5 1 4 2 8 6 9
8 2 6 5 7 9 3 1 4
4 9 7 2 5 3 6 8 1
5 1 2 8 6 4 9 3 7
3 6 8 9 1 7 5 4 2
2 8 1 7 9 6 4 5 3
6 5 4 3 2 1 7 9 8
9 7 3 4 8 5 1 2 6
```

352

```
6 1 9 3 4 7 8 5 2
8 4 3 9 5 2 7 6 1
7 5 2 6 8 1 3 9 4
5 6 4 8 7 9 2 1 3
3 8 1 2 6 4 5 7 9
9 2 7 5 1 3 4 8 6
2 9 5 1 3 8 6 4 7
1 7 8 4 2 6 9 3 5
4 3 6 7 9 5 1 2 8
```

353

```
3 1 2 6 4 5 8 9 7
4 7 5 8 1 9 6 2 3
8 9 6 3 2 7 5 4 1
2 4 7 9 6 3 1 5 8
9 3 1 5 8 4 2 7 6
6 5 8 2 7 1 9 3 4
5 8 4 7 9 6 3 1 2
1 2 3 4 5 8 7 6 9
7 6 9 1 3 2 4 8 5
```

354

```
7 3 2 1 5 8 4 6 9
5 4 9 6 7 2 1 8 3
8 6 1 3 9 4 5 2 7
2 5 4 7 1 9 8 3 6
3 9 7 8 4 6 2 5 1
6 1 8 2 3 5 7 9 4
4 7 6 5 2 3 9 1 8
1 2 3 9 8 7 6 4 5
9 8 5 4 6 1 3 7 2
```

355

```
8 2 7 6 9 4 3 1 5
9 3 5 1 7 8 2 4 6
1 6 4 3 5 2 7 9 8
4 7 3 8 1 9 5 6 2
2 9 6 4 3 5 8 7 1
5 1 8 2 6 7 4 3 9
7 4 1 5 2 6 9 8 3
6 5 9 7 8 3 1 2 4
3 8 2 9 4 1 6 5 7
```

356

```
2 3 1 4 5 6 9 7 8
9 5 7 3 2 8 4 1 6
6 4 8 1 9 7 3 2 5
8 2 4 5 1 3 7 6 9
3 9 6 7 8 4 2 5 1
1 7 5 9 6 2 8 3 4
5 8 2 6 7 9 1 4 3
7 6 3 8 4 1 5 9 2
4 1 9 2 3 5 6 8 7
```

357

```
4 2 6 9 5 7 8 3 1
3 5 1 6 8 4 7 9 2
9 8 7 3 2 1 5 6 4
2 1 8 7 9 3 6 4 5
7 6 9 5 4 8 1 2 3
5 4 3 2 1 6 9 7 8
6 7 2 1 3 5 4 8 9
1 9 4 8 6 2 3 5 7
8 3 5 4 7 9 2 1 6
```

358

```
1 8 3 2 5 6 9 7 4
7 2 9 4 3 8 1 6 5
6 4 5 1 9 7 3 2 8
9 5 4 8 2 3 7 1 6
8 7 2 6 1 9 5 4 3
3 1 6 7 4 5 2 8 9
5 6 8 9 7 1 4 3 2
4 9 7 3 8 2 6 5 1
2 3 1 5 6 4 8 9 7
```

The Must Have 2015 Sudoku Puzzle Book

359

2	3	8	5	4	9	7	6	1
1	6	4	3	7	2	8	5	9
5	9	7	1	8	6	2	4	3
9	4	5	2	6	1	3	7	8
6	7	2	8	9	3	4	1	5
3	8	1	7	5	4	6	9	2
4	2	6	9	1	8	5	3	7
8	5	9	6	3	7	1	2	4
7	1	3	4	2	5	9	8	6

360

1	9	7	6	3	2	5	4	8
8	6	3	4	5	1	9	2	7
2	5	4	9	7	8	3	6	1
5	1	6	8	9	7	2	3	4
4	7	2	5	1	3	6	8	9
9	3	8	2	4	6	7	1	5
3	2	1	7	8	9	4	5	6
6	4	9	1	2	5	8	7	3
7	8	5	3	6	4	1	9	2

361

1	2	4	5	8	3	7	9	6
6	8	5	9	4	7	1	2	3
7	3	9	2	1	6	4	5	8
4	6	2	3	9	1	5	8	7
8	9	7	6	5	4	2	3	1
3	5	1	8	7	2	6	4	9
9	1	3	7	2	5	8	6	4
5	7	6	4	3	8	9	1	2
2	4	8	1	6	9	3	7	5

362

1	9	6	4	3	5	7	2	8
8	4	3	7	9	2	1	6	5
2	5	7	8	1	6	4	9	3
5	7	9	2	8	1	3	4	6
3	2	1	5	6	4	9	8	7
4	6	8	9	7	3	2	5	1
9	3	2	1	5	8	6	7	4
6	8	4	3	2	7	5	1	9
7	1	5	6	4	9	8	3	2

363

5	7	9	8	2	1	4	6	3
8	4	6	9	3	7	1	2	5
1	2	3	5	6	4	7	8	9
7	5	4	2	8	3	9	1	6
6	3	2	1	4	9	5	7	8
9	1	8	7	5	6	2	3	4
2	9	5	6	7	8	3	4	1
3	6	7	4	1	5	8	9	2
4	8	1	3	9	2	6	5	7

364

6	5	8	3	7	2	9	1	4
3	9	7	4	1	5	8	6	2
4	2	1	8	9	6	7	3	5
1	8	2	5	6	7	3	4	9
7	6	5	9	4	3	1	2	8
9	3	4	1	2	8	5	7	6
8	7	6	2	3	9	4	5	1
2	4	9	7	5	1	6	8	3
5	1	3	6	8	4	2	9	7

365

6	4	5	2	7	9	3	1	8
7	9	3	8	4	1	6	2	5
8	2	1	3	5	6	7	9	4
3	5	8	1	6	4	9	7	2
2	1	7	9	8	3	4	5	6
9	6	4	5	2	7	1	8	3
5	7	9	6	3	2	8	4	1
1	8	6	4	9	5	2	3	7
4	3	2	7	1	8	5	6	9

Other titles from www.buysudokubooks.com

Also available from amazon.com

For customized editions, bulk discounts and

corporate gifts, email sales@buysudokubooks.com

The Must Have 2015 Sudoku Puzzle Book

Gigantic Book - Sample Page

Nail Biting

No: 1237

5						8	6	
			1		3			
	9							
7							4	3
8		1		5				
	4	3	9					
				8		5		

No: 1238

		6	5				1	8
	3							
			7					
8								7
					4	9		
				3				
				9		4	3	
5			8					
7								

No: 1239

				6				4
	9		5					
	3					8		
			3		8		9	
6						7		
1					5			
7				1				
							3	
						6		

No: 1240

8				7		4		
	6				3			
5								6
7				4				
			8				9	
	9	3	6					
	1					2		
						7		

Reduced to fit

No: 1241

		5	4		8			
							3	
	8							
7			1	3				
6						8		
						9		
3			7				1	
				6		5		
	9							

No: 1242

			5	8		2		
6						9		
		3						
7			4					
	5		2					
							6	
				9	6		3	
5	2							
1								

DISCOVERIES

A KIRKUS service for self-published and independent authors

Bloom, Jonathan
SUDOKIDS.COM:
Sudoku Puzzles For Children Ages 4-8
Sudokids.com (56 pp.)
$5.95 paperback
December 21, 2008
ISBN: 978-0620405935

Sudoku wizard Bloom introduces the complicated game to children in this **easy-to-use guide**. In theory, Sudoku is a remarkably elementary game. But its logic can leave many first-time players - children and adults alike - a little stumped. Bloom offers this easy how-to guide for children, which also features special instructions on how adults can better teach the game to young ones. The author starts simply - after a quick history of Sudoku, he introduces the key formatting and terminology associated with the game.

Though it may seem unnecessary to explain columns and rows, even the most puzzle-obsessed adult will find it **refreshing to see the board broken down so straightforwardly**, as when he demonstrates that all Sudoku boards begin with four giant squares and then are subdivided. Bloom encourages readers to fill the obvious numbers into rows or columns to demonstrate the overall rules of the game on a small scale. After a few such exercises, the author builds up to actual Sudoku boards, giving kids the opportunity to try their hand at games labeled "Quick and Easy," "Medium" and "Challenging."

Of course, even at their most difficult, these puzzles are rather rudimentary, but that's OK. He points out that the book was designed around the curricula of first, second and third grade - **a clever and direct strategy**. With almost 200 puzzles and lessons, the book will keep kids busy without boring them, and gives just enough of the game to keep them wanting more. **Brilliant in how it relates to its audience**, *Sudokids.com* is ideal for any child who wants to learn how to solve one of America's most popular puzzles.

nielsen

Kirkus Discoveries, Nielsen Business Media, 770 Broadway, New York, 10003 discoveries@kirkusreviews.com

Teach your kids to play sudoku with this fun, logical and entertaining exercise book.

SUDOKIDS™
.com

Every child can do it.
Step by step sudoku instructions.
For teaching kids sudoku puzzles
at home or at school.

My name is:

Sudoku Puzzles
for Children
Ages 4-8

Over
170 lessons
& puzzles

by Jonathan Bloom

6779117R00124

Printed in Germany
by Amazon Distribution
GmbH, Leipzig